サービス付き高齢者向け住宅経営
成功の秘訣25

南部 淳
NANBU ATSUSHI

幻冬舎MC

サービス付き高齢者向け住宅経営　成功の秘訣25

―　はじめに　―

本書を手に取られたということは、あなたはサービス付き高齢者向け住宅の開設や経営に何らかの興味をお持ちの方だと思います。

サービス付き高齢者向け住宅とは、平成23年10月に施行された改正高齢者住まい法によって新たに定められたもので、日本の高齢者住宅の中心になるものだと私は考えています。

日本の高齢化率は、平成23年には23％強となり、世界でも突出した超高齢国家です。しかし、高齢者が安心して暮らすことができる住宅は不足しており、高齢者の住まい確保が急務だといわれています。

高齢者の住宅に関する行政施策として注目を集めている、サービス付き高齢者向け住宅も制度が開始されてから1年が経ちました。制度にいち早く目をつけてサービス付き高齢者向け住宅を開設された方々の中では、すでに経営に行き詰まり、苦境に立たされているというケースも少なくないようです。

私は介護・在宅医療サービスに長年従事してきました。その経験からも、高齢者が安心して暮らせる住まいづくりの重要性は切実に感じています。

サービス付き高齢者向け住宅を開設される方が増えること、そして良質なサービス付き高齢者向け住宅を1つでも多く増やしたいとの思いから、私自身がサービス付き高齢者向け住宅を開設し、試行錯誤の上に得た経営のコツをご紹介することにしたのです。

サービス付き高齢者向け住宅に関心を持たれる方は、医療法人や個人の開業医などの医療業界の方々、介護事業を運営する方々、そして建築会社や地主の皆さんだと思います。

つまり、すでに土地や建物などの遊休不動産を持っていて、サービス付き高齢者向け住宅に投資したいと考えている方、もしくは高齢者市場をにらみサービス付き高齢者向け住宅経営に参入したいと考えている方です。

サービス付き高齢者向け住宅が投資物件として、または新規事業として注目されている理由は、この後にまとめさせていただきますが、サービス付き高齢者向け住宅経営を成功させるためには、大きく分けて5つの押さえるべき重要なポイントがあります。

1つめはサービス付き高齢者向け住宅をよく理解し、そのメリットとデメリットを知った上で取り組むことです。

2つめは土地の選定です。すでに所有されている遊休不動産の場合、その土地の形状や用途地域、広さ、容積率そして周辺の地域性などにより、何に活用するのが一番よいのか調査する必要があります。

また、新たに購入・賃借する場合は、条件のよい土地を探すことも大切ですが、なるべく金額を抑えることが鍵になります。

3つめは、プランニングです。こちらも、どんな規模でどんな建物を建てるかが勝敗を分ける大きな要件となってきます。また、介護しやすい設計というのも重要です。住民やサービス提供者の利便性のみならず、設計の良し悪しによって、介護スタッフの人件費にも影響することがあり、専門的な知識と経験が求められます。

4つめはサービスの提供についてです。

最低1人の管理者がいれば運営できることがサービス付き高齢者向け住宅の魅力の1つではありますが、今後競争が激しくなると思われる市場の中で、多種多様なサービスを提供し、事業を拡大できるということも大きな魅力となってきます。

5つめは管理業務です。もちろん通常の賃貸物件と同様に、家賃徴収や物件管理などの基本的な管理業務は必要ですが、その他に高齢者ならではの管理のコツが必要です。

以上のポイントを中心に、老人複合施設の運営を受託し、自らもサービス付き高齢者向け住宅を複数経営する私が、これまでの経験値から導き出したノウハウを、25の成功の秘訣として紹介します。

私は祖父の代から、薬局というかたちで地域医療分野に90年以上、そして地域の皆さんの暮らしのお手伝いをさせていただいています。その中で得た様々なノウハウが、今後の日本に、また本書の読者の方々に、少しでもお役に立てれば幸いです。

はじめに

写真で見る
サービス付き高齢者向け住宅 009

知っておきたい基礎知識
サービス付き高齢者向け住宅開設のメリット

01 ― 賃貸住宅市場の冷え込み 018
02 ― 人口は減少するが、今後40年間高齢者の人口比率は増加し続ける 021
03 ― 高専賃、高円賃は廃止されサービス付き高齢者向け住宅に一本化 024
04 ― 高齢者なら誰でも利用できるサ高住のニーズは高い 035
05 ― 補助金、税制優遇、融資制度が用意され、参入がしやすい 040

自分の土地でできるの？ 探す場合はどんな土地が有利？
土地の評価と土地選定

06 ― あえて市街化調整区域など活用しにくい土地を利用する 048

07 老化とともに高齢者向け住宅に移る層を取り込む 058
08 大企業、転勤族が居住するベッドタウンは親の呼び寄せ需要が高い 069
09 土地貸し、サブリースなど条件に合わせて選択する 072

どんな建物で、どんなサービスを提供する?

収益計画を決定付けるプランニング

10 登録申請をして補助金と税制優遇で高利回りを目指す 078
11 初期投資を抑えるリフォームは建て替えとコストの比較で決める 090
12 自立から要介護度の高い人まで、様々な高齢者に幅広く対応する 095
13 狭小地の場合は、サ高住ではなくデイサービスを選択肢に加える 105
14 入札システムで初期投資の建設費を3分の2にする 114
15 建物プランと付加サービスで入居者満足度を高めて差別化する 118
16 設計は運営時の人件費にも影響するため慎重に 123
17 デイサービス併設は入居者獲得に効果大 128

サービスはどうやって提供するの?

提供するサービス内容で運営収益は大きく異なる

18 最低1人の管理者がいれば運営できる 132
19 自分で経営することで最大、家賃収入の3倍の売上を目指す 134
20 生活、介護、医療サービスメニューは多いほどよい 138
21 介護事業参入への不安はフランチャイズ方式で払しょくする 142
22 人材不足のリスクや人材教育の手間はアウトソーシングで回避する 146

高齢入居者の管理はどうすればいい?
高齢者リスクを低減する管理業務

23 年金や生活保護制度で、家賃滞納リスクは低減できる 150
24 事故や孤独死のリスクは緊急通報装置で低減する 155
25 空気洗浄システムで住宅内の感染リスクを防ぐ 163

総括
地域の医療・介護行政との人脈づくりが成否を分ける

装丁　内田真樹

サービス付き高齢者向け住宅

―写真で見る―

住まう人の快適さを追求して

ハートケアメゾン みなみの風 八帖

優しい色調の外観は周囲の風景に溶け込んでいます。

施設概要

施設概要名称	ハートケアメゾンみなみの風「八帖」
居住の契約形態	月極賃貸契約
居室数	1ルームタイプ36室　1LDKタイプ10室
敷地面積	1,325.19㎡
建築面積	632.34㎡
延床面積	2,701.82㎡
構造・規模	地上6階建鉄筋コンクリート造
所在地	岡崎市八帖北町14番5
入居資格	おおむね60歳以上の高齢者の方

サービス付き高齢者向け住宅登録番号　岡崎11-001

足湯やガーデニングコーナーも設置した屋上が人気です。

リビングダイニングはモダンな家具で統一。くつろぎながら食事をとっていただけます。

ホテル仕様の廊下にはBGMを流し、落ち着いたムードを演出。

木目調が優しいデイルームは地域の皆さんにもご利用いただいています。

寝室から見た広々とした居室。

居室はオールバリアフリーで、車椅子でもゆったり利用いただけます。

エントランスには受付を設置し、スタッフが皆さんのご要望に応えます。

扉を開放すると大空間が広がります。

ハートケアメゾン みなみの風　庄司田

施設概要

施設概要名称	ハートケアメゾンみなみの風「庄司田」
居住の契約形態	月極賃貸契約
居室数	1ルームタイプ38室 1LDKタイプ8室 2LDKタイプ7室
敷地面積	1,740.30㎡
建築内容	鉄筋コンクリート造
建築面積	1,007.33㎡
延床面積	3,306.77㎡
構造・規模	地下1階地上4階建鉄筋コンクリート
所在地	岡崎市庄司田二丁目10-6
入居資格	おおむね60歳以上の高齢者の方

サービス付き高齢者向け住宅登録番号　岡崎12-002

敷地の形状を生かした壮大な建屋

玄関から居室を望む。

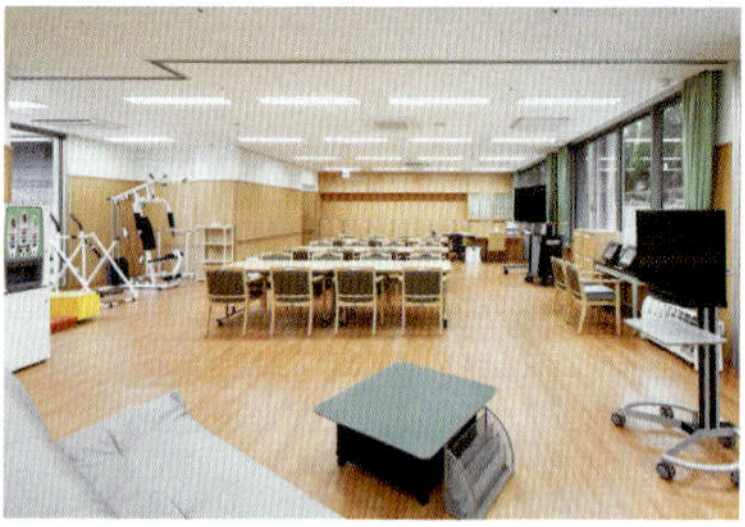
デイルームにはリハビリ器具を配置し大勢の方に利用していただきます。

コンパクトタイプの居室は機能的なレイアウト。

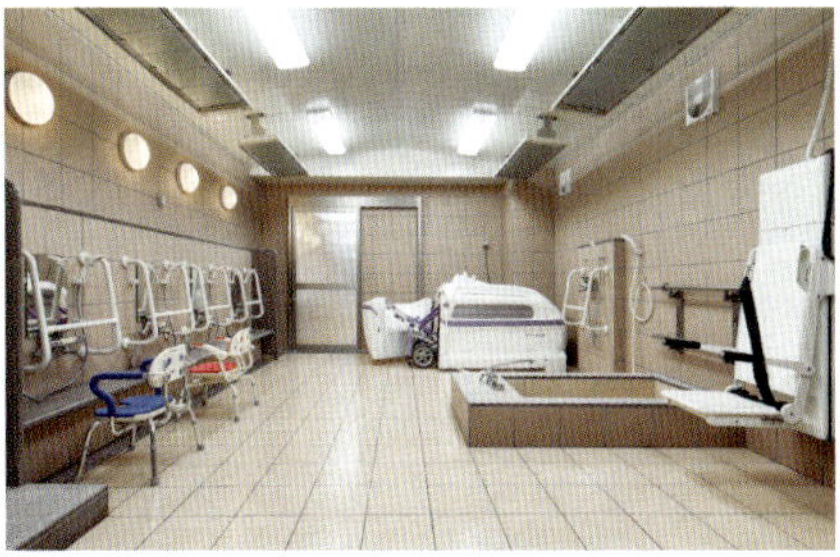

特殊浴槽も設置した大浴場。

ホテルタイプのラウンジで食事をとっていただけます。晴れた日はデッキで食事を楽しんでいただくことも。

ハートケアメゾン　みなみの風
竜美丘（平成26年4月開業予定）

施設概要

地名地番	岡崎市戸崎町字牛転10番91、10番95		
都市計画区域等	都市計画区域内 市街化区域		
防火地域	指定なし	敷地面積	3,439.31㎡
用途地域	第二種住居地域、第一種中高層住居専用地域		
指定容積率	200%	指定建ぺい率	60%
主要用途	サービス付き高齢者向け住宅		
建築面積	1,672.13㎡（合計）	延床面積	6,882.26㎡（合計）

主棟（住居、事務所）

構造	鉄筋コンクリート造
階数	地上8階建て　塔屋1階
床面積	5,381.77㎡
住戸	1LDKタイプ………22室 1Rタイプ…………32室 合計…………………54室

付属棟（倉庫 駐車場）

構造	鉄骨造
階数	地上2階建て
床面積	1,479.49㎡

サービス付き高齢者向け住宅登録番号　岡崎12-003

知っておきたい基礎知識

サービス付き高齢者向け住宅開設のメリット

基礎知識

01 賃貸住宅市場の冷え込み

不動産オーナーの方であれば、現在の賃貸住宅市場については、すでによくご存じのとおりでしょう。

左ページのグラフは、総務省統計局が作成した資料ですが、日本における総住宅数が増え続けているのに、空き家数や空き家率は上がり続けています。

平成20年の時点で、空き家率は約13％。これは日本全国で7～8軒のうち1軒が、誰も住んでいない空き家という数字になります。

この調査は5年に1回行われるものですが、平成25年にはさらに空き家率が高くなっていることが予想されます。この空き家のうち、約55％が賃貸住宅であることもわかっています。

世間ではいまだに、一般賃貸住宅への投資を勧める声もありますが、こうした市場

総住宅数、空き家数及び空き家率の推移
全国（昭和33年〜平成20年）

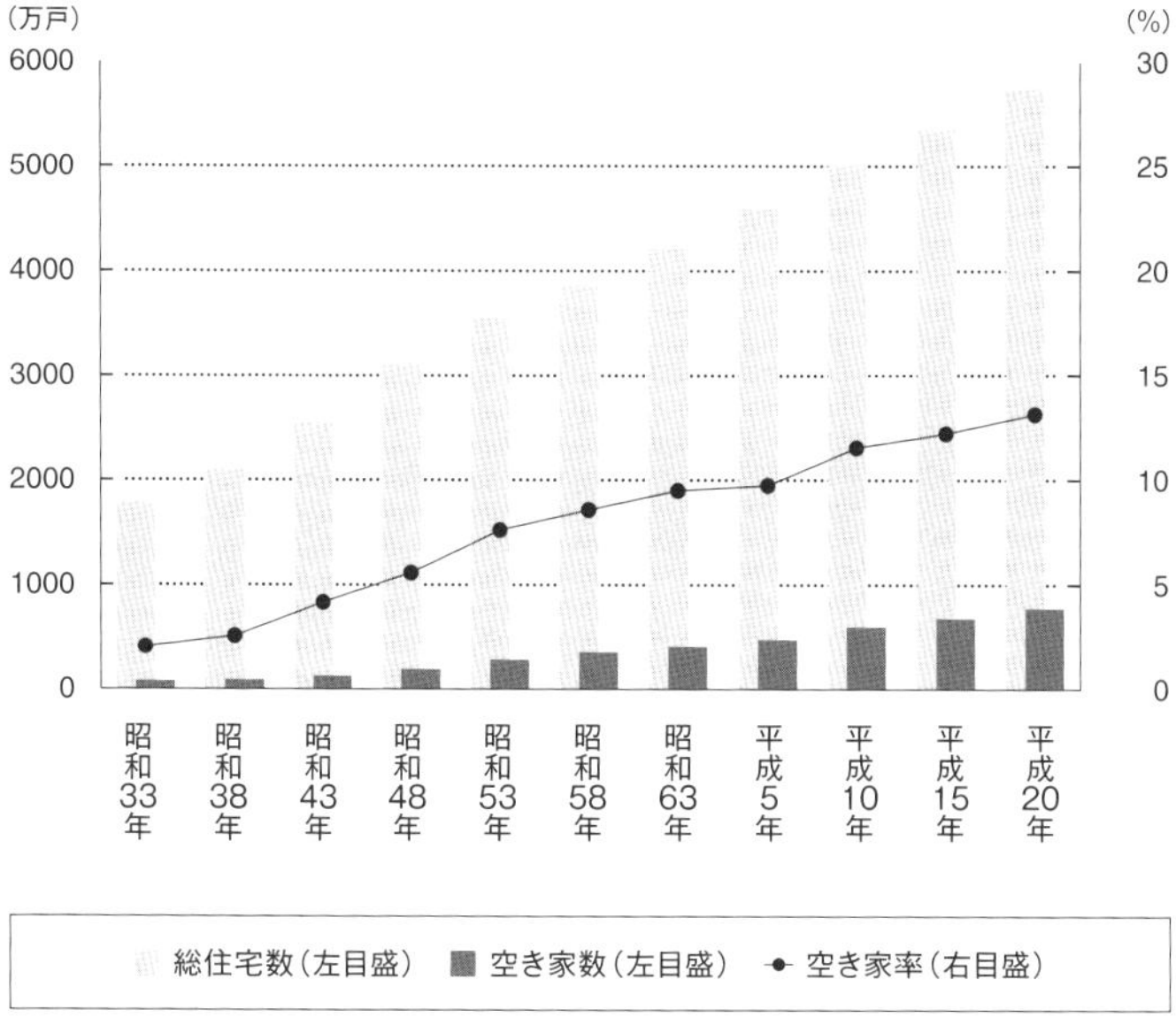

平成20年住宅・土地統計調査（総務省統計局）より

状況から考えると、入居者獲得の競争が激しいものであることはいうまでもありません。

なぜ、このようなことが起きているのか。それは住宅の建設数の増大に対応して、日本の人口が増えていかないからです。いいえ、増えないどころか、わが国の総人口は平成16年あたりから、増えたり減ったりの横ばい状態でありつつも、確実に減少に向かっています。

その一方で、人口全体に占める高齢者の割合は着実に増え、高齢者向け住宅の不足を引き起こしています。

基礎知識

02

人口は減少するが、今後40年間高齢者の人口比率は増加し続ける

日本の人口が減少しているのであれば、高齢者の人口も減少して、いずれ空室が出るのではないかとの質問を受けることがあります。

国立社会保障・人口問題研究所の「日本の将来推計人口」を見ると、平成16年の人口ピークを境に日本の人口は減っていきます。

しかし高齢者の人口比率は増加し続けることがわかっています。なぜならば、人口減少の理由の第一は、新生児の減少にあるからです。

つまり、少子化で新たに生まれる子供が減っているため人口は減りますが、現状で生きている国民はどんどん年をとっていきます。その結果高齢者数は増え、平成67年度には65歳以上の高齢化比率が40・5%となる予測が立てられています。

人口将来推計グラフ(上)・人口ピラミッド(下)

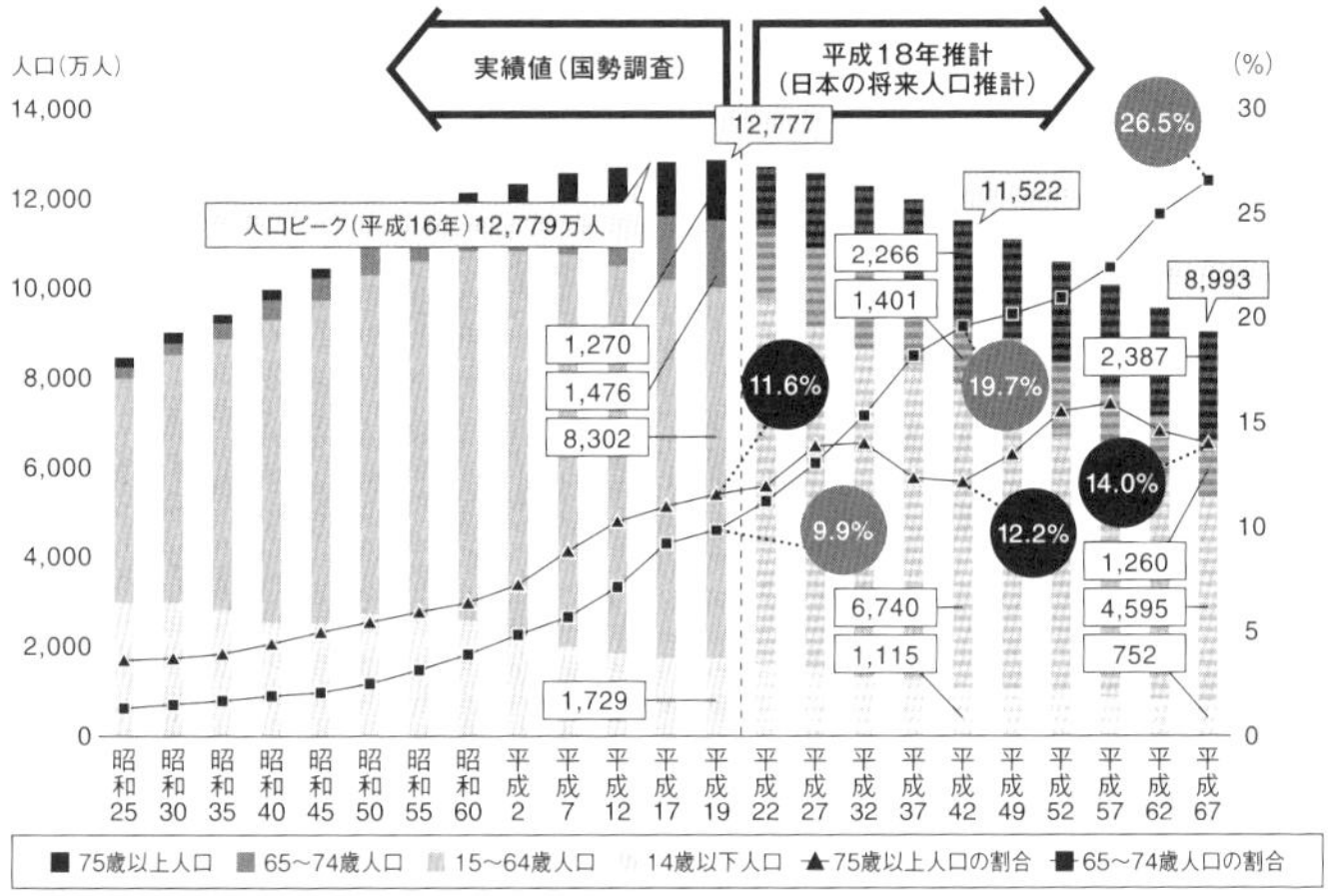

厚生労働省の政策レポート「高齢者の住まい」の「人口の将来推計」より

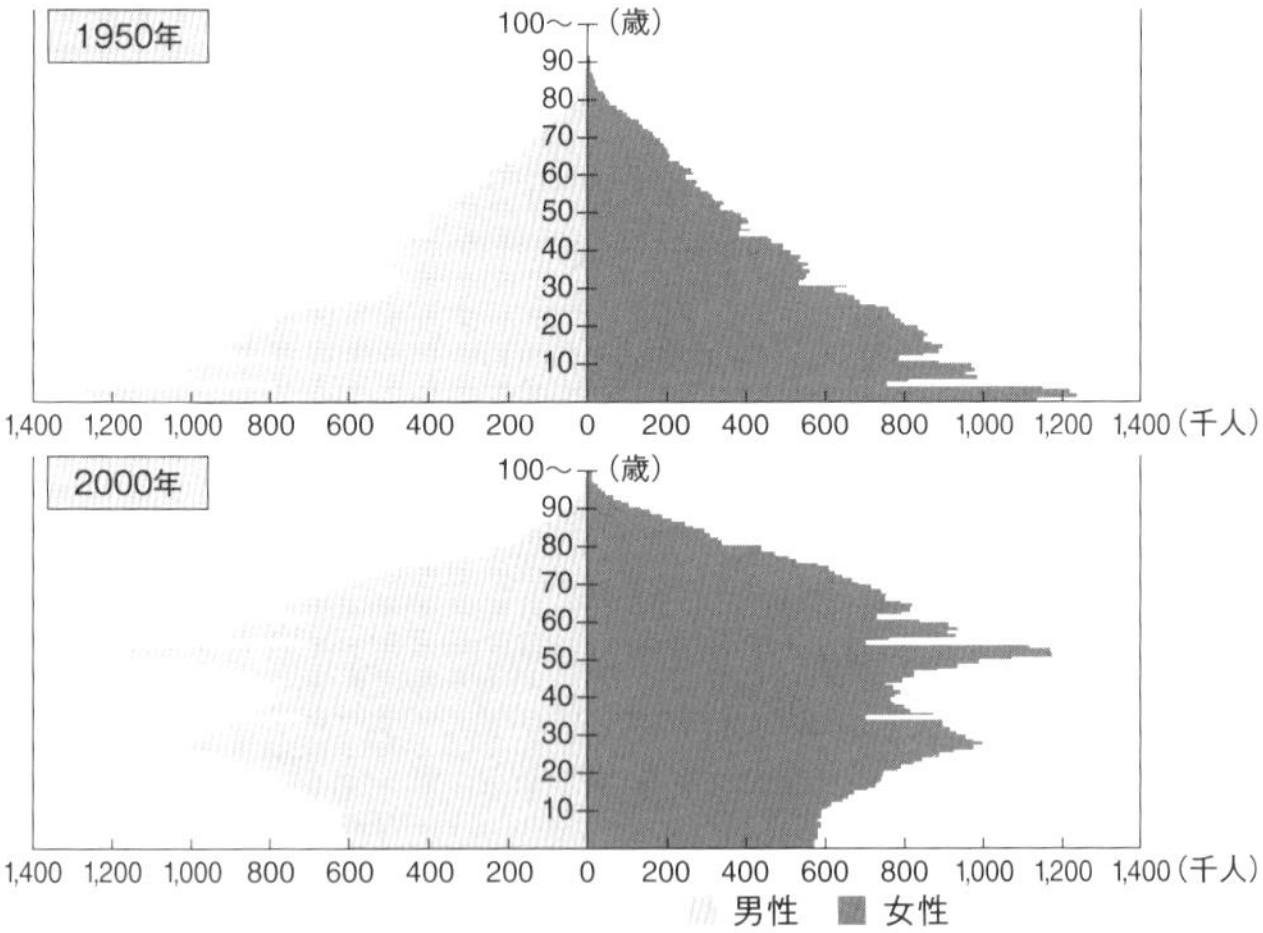

平成19年度国土交通白書(国土交通省)より

人口ピラミッドの図を見ると、1950年には80代や90代の人口が極端に少なく、逆に0歳～20歳の子どもの人口が多いことがわかります。

当時の日本社会は、医療も未発達で高齢者が長生きできず、代わりに子だくさんの社会だったことがわかります。

しかし、2000年の人口ピラミッドを見ると、子どもの数がかなり少なくなっています。これは、女性の社会進出による晩婚化や、1世帯あたりの出生数減少などの影響を受けたものです。その代わりに、高齢者が長寿になり、増加していることがわかります。

また、長命を寿ぎ、100歳を超えた高齢者の増加は喜ばしいことですが、その方たちが、かくしゃくと元気に街中を歩きまわっていることは考えにくいことです。

高齢者の増加は、介護サービスの需要の増加に直結していると考えてよいでしょう。そして、介護サービスの要となるのが、サービス付き高齢者向け住宅であることには、これ以上の言葉を必要としないでしょう。

基礎知識

03

高専賃、高円賃は廃止され
サービス付き高齢者向け住宅に一本化

まず、サービス付き高齢者向け住宅とは何かについてご説明いたしましょう。

●サービス付き高齢者向け住宅

名称からもわかるように、サービス付き高齢者向け住宅とは、何よりもまず高齢者向けに造られた民間の賃貸住宅です。

「高齢者向け」にも幅広い意味がありますが、主に設備（バリアフリー）とサービス（生活支援、介護）と契約関係において一定の基準を定めることで安全・安心を追求した住宅と考えてください。

そのため、正式に「サービス付き高齢者向け住宅」と名乗るためには、地方自治体に登録して認可される必要があります。

また、登録基準としては次のようなものがあります。

●設備

・各戸の床面積は、原則として25㎡以上である（例外規定あり）

・各戸に専用の台所、水洗便所、洗面設備、収納設備、浴室を備えている（例外規定あり）

・広い廊下幅、段差のない床、手すりの設置などバリアフリー基準を満たす

●サービス

・少なくとも安否確認と生活相談のサービスを、ケアの専門家を日中常駐させて提供する（その他、食事、清掃、洗濯、介護、医療等のサービスを提供することもできる）

●**契約関係**

・長期入院などを理由に事業者側から一方的に解約することができない
・事業者は、敷金・家賃・サービスの対価以外の金銭を受け取ってはならない

以上の要件を満たしていることが条件なので、特にサービス面においては非常に幅の広いものになります。

小規模のものでいえば、常駐の管理人を1人置いた、バリアフリーの2階建て賃貸住宅でも、サービス付き高齢者向け住宅として認められる可能性があります。

一方、病院や食堂やデイサービス（通所介護）を併設した、郊外の大型有料老人ホームもまた、サービス付き高齢者向け住宅として登録することもできるでしょう。

定義の幅が広いゆえに、サービス付き高齢者向け住宅は、単なる高齢者住宅ではなく、介護施設と同じような介護サービスまで提供することができます。ということは、それだけ幅の広い入居者のニーズに応えることができるということになります。

これまで高齢者向けの住宅には様々なものがあり、その基準もあいまいで非常にわ

かりにくいものでした。サービス付き高齢者向け住宅ができたことによって、整理統合されたものもありますので、まずは高齢者の住まいの現状を整理してみましょう。

高齢者の住まいは、29ページの図のように大きく分けると施設系と住宅系に分かれます。

施設系の中でも特に介護保険施設は、社会福祉法人や医療法人、地方自治体が運営する施設です。

●介護保険施設

―介護療養型医療施設―

医療処置の必要な方、具体的には気管を切開し呼吸器を装着していたり、胃ろうや腸ろう（胃や腸に穴を開けて栄養物を直接摂取できるよう流し込むこと）処置を施された方が入所する施設です。

こちらは医療施設なので医療処置が必要な高齢者しか入所できませんし、医療行為を行うため、医師や看護師などが介護士とともに働いています。

―介護老人保健施設（老健）―

短期入所のための医療と介護の中間施設であり、本来は病院から在宅への復帰のためのリハビリ施設という位置付けです。

入居期間は基本的に3～6カ月とされていますが、高齢者住宅や介護施設が不足しているために、入退去を繰り返しながら結果的に長期入所せざるを得ない状況もあるようです。

―特別養護老人ホーム（特養）―

正式名称を介護老人福祉施設といって、高齢者の介護施設としては最もポピュラーなものです。31ページの図を見ると、実際に施設数としても最も数が多いことがわかります。特別養護老人ホーム（特養）は、老人保健施設（老健）と異なり、入所期間の制限はありません。本人の負担が低額なため、希望者が多く、入所したくても順番待ちが必要になります。また、そのような状況から要介護度の高い人が優先的に入所しています。

現在は個室ユニットが推奨され、プライバシーも保護される傾向にありますが、4

高齢者の住まい状況

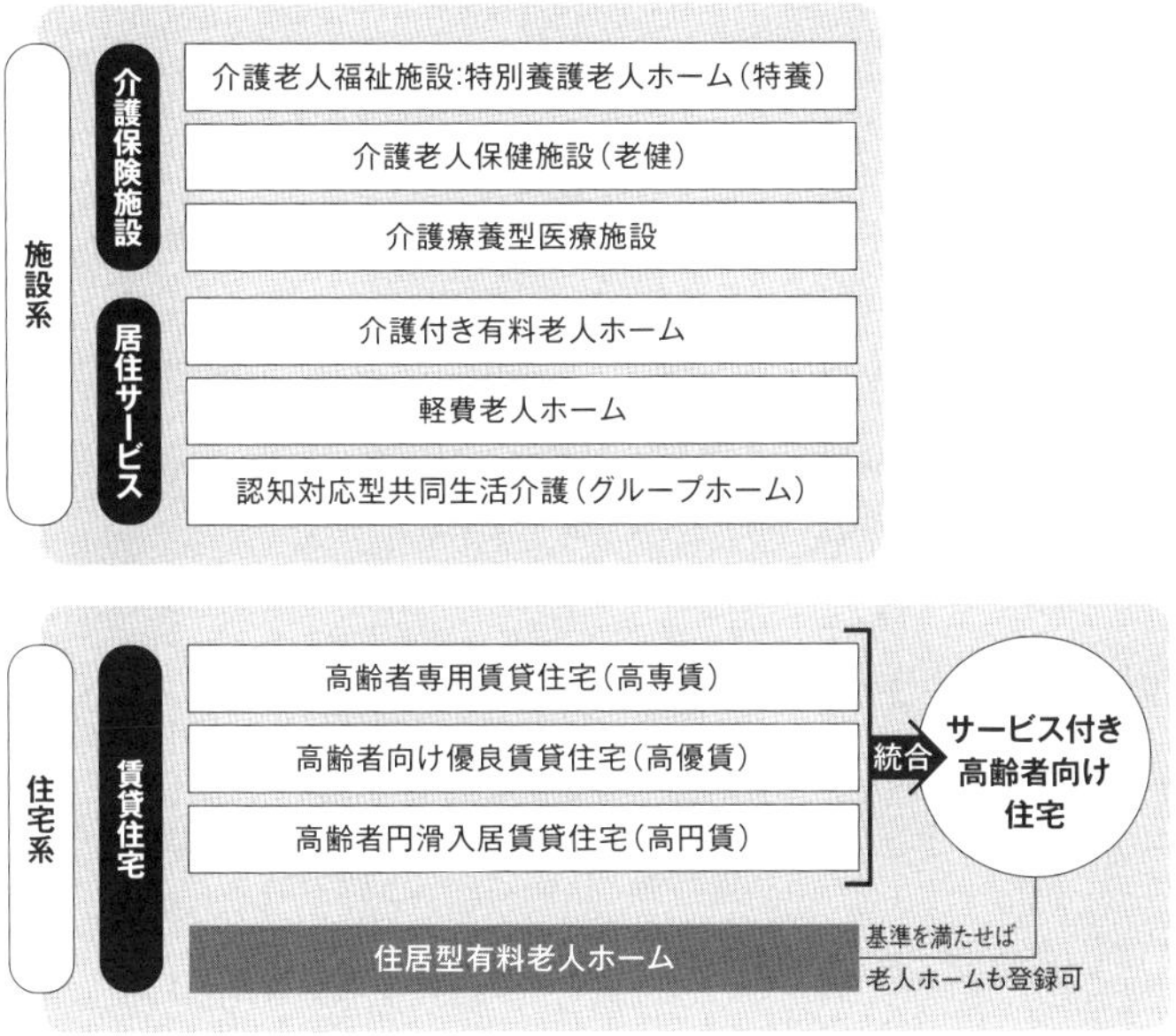

施設系
介護保険施設
介護老人福祉施設:特別養護老人ホーム(特養)
介護老人保健施設(老健)
介護療養型医療施設
居住サービス
介護付き有料老人ホーム
軽費老人ホーム
認知対応型共同生活介護(グループホーム)
住宅系
賃貸住宅
高齢者専用賃貸住宅(高専賃)
高齢者向け優良賃貸住宅(高優賃)
高齢者円滑入居賃貸住宅(高円賃)
統合
サービス付き高齢者向け住宅
住居型有料老人ホーム
基準を満たせば
老人ホームも登録可

人部屋、相部屋といった、病院の大部屋のように、ベッドの上しかパーソナルスペースがないといった施設もまだ多く存在しています。

●その他の施設

―介護付き有料老人ホーム（特定施設入居者生活介護）―

有料老人ホームの中で主に介護サービスを提供することを目的とした住宅施設で、自治体の認可が必要です。そのため総量規制があり、なかなか新規の開設はできません。

特養や老健やケアハウス（次項）とは異なり、主に民間企業が設立・運営する高齢者向けの住宅施設です。

今回、国がサービス付き高齢者向け住宅を推進しているのと同じように、介護保険の成立前後に、民間の有料老人ホームを増やそうという動きがありました。当初は入居一時金が億単位の物件などもありましたが、現在はだいぶ競争が激しくなった結果、価格もこなれてきて利用者も増加しています。

高齢者向け住宅と施設のストックの現状

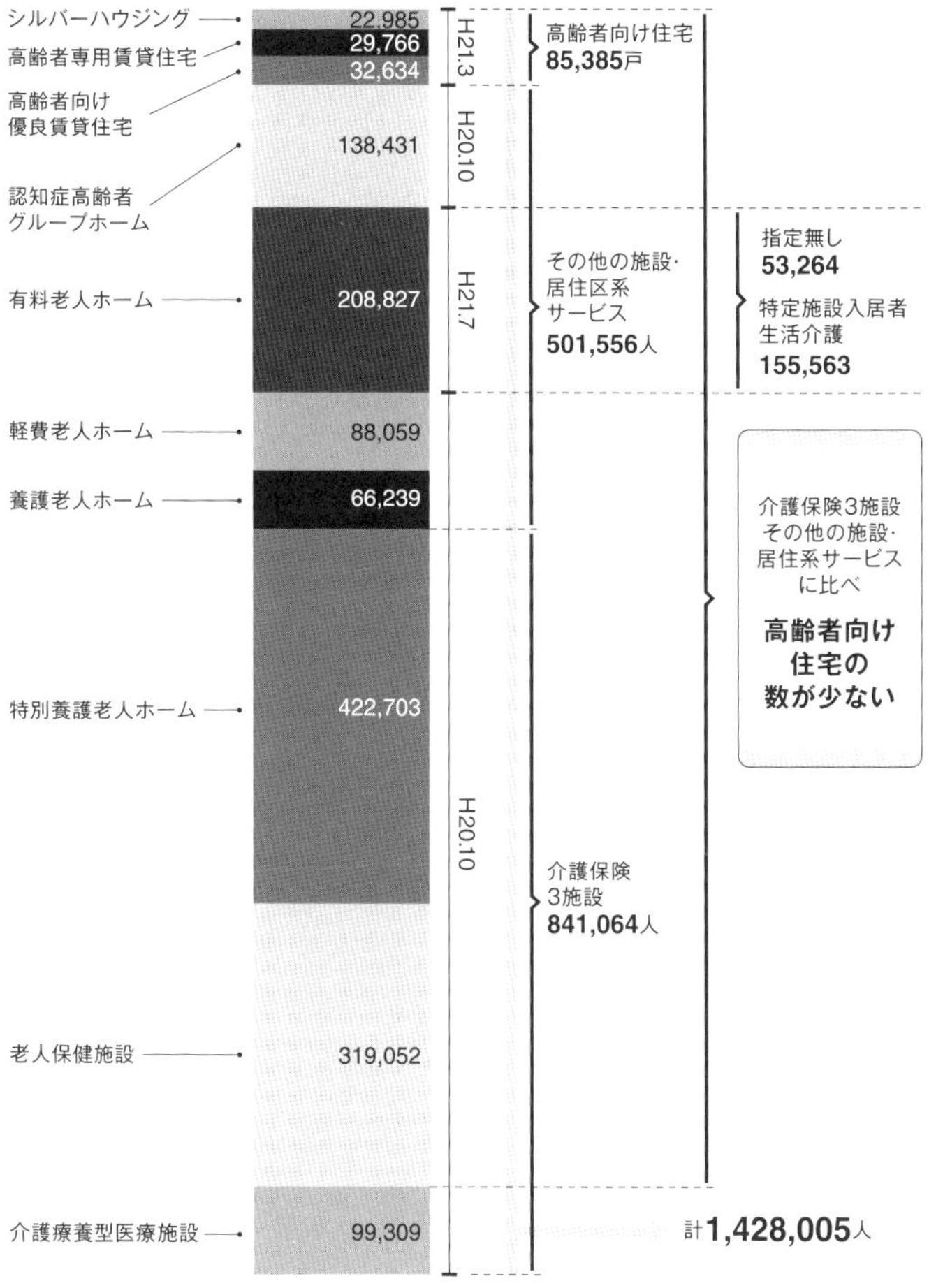

厚生労働省「介護保険サービスの概要」より

―軽費老人ホーム（ケアハウス）―

特養が主に要介護度の高い人を受け入れるのに対して、主に要介護度の低い、自立して生活ができる人向けの施設です。その意味では、サービス付き高齢者向け住宅とよく似ていますが、あくまでも福祉施設であって、設置主体も地方公共団体や社会福祉法人に限られるところが異なります。

―認知症対応型共同生活介護（グループホーム）―

これまでに説明してきた施設とは異なり、介護が必要な高齢者の中でも、特に認知症の方のみを対象としたものです。

少人数で家族的な共同生活を送ることで、認知症の高齢者をケアすることを目的とした事業所で、地域密着型サービスに位置付けられます。

●住宅系

―高齢者専用賃貸住宅（高専賃）、高齢者円滑入居賃貸住宅（高円賃）―

平成23年の高齢者住まい法改正で「サービス付き高齢者向け住宅」に統合され、制度は廃止されました。

すでになくなった制度ですが、「サービス付き高齢者向け住宅」とは何かを理解する助けになるので、簡単に説明しておきましょう。そもそも高齢者向け住宅が必要とされたのは、民間の大家さんが、高齢者の入居をあまり喜ばないという現実があったからです。そのため、高齢者が賃貸住宅を探す手助けになるよう、高齢者の入居を拒まない住宅を特に登録して情報提供することになりました。これが高齢者円滑入居賃貸住宅（高円賃）です。

高円賃の中でも、もっぱら高齢者向けに賃貸する住宅、つまり高齢者の入居を歓迎する住宅を、高齢者専用賃貸住宅（高専賃）として、認定基準を設けるとともに、利用者への情報提供も詳しくすることにしました。

—高齢者向け優良賃貸住宅（高優賃）—

さらに、高専賃の中でも、バリアフリーや、緊急時対応サービスなど一定の条件を備えた住宅は、高齢者向け優良賃貸住宅（高優賃）として、建設費等に助成金を出すなど、積極的な増加政策をとりました。

—住宅型有料老人ホーム—

介護付き有料老人ホームと似ていますが、あくまでも住宅としての位置付けで介護職員を施設内に配置せず、外部の介護事業者がサービスを提供する住宅です。

福祉施設と比較すると入居費用が高額なものもあり、入居者にとってハードルが高い印象でした。

提供するサービスや居室などはサービス付き高齢者向け住宅と限りなく近いですが、建築基準などが異なります。大きな差は、補助金と税制優遇があるかないかです。土地の条件や建て主の考え方でどちらを選ぶかは検討する必要があります。

基礎知識

04 高齢者なら誰でも利用できるサ高住のニーズは高い

サービス付き高齢者向け住宅は、誰もが入居しやすく選びやすいという点から市場競争力がある賃貸住宅です。

たとえば、自分が75歳、85歳になったとき、どのような状態になるかを想像してみましょう。

もし病気もなく、1人で生活ができていたとしても、足腰は必ず弱ってきます。座った状態から立ち上がったり、階段を上り下りしたり、浴槽への出入りを行ったりする度に身体がよろけます。足が十分に上がらずに、それまでは何とも思っていなかった敷居につまずくこともあります。

転んだ拍子に、もろくなった骨が折れることも高齢者にはよくあることです。そして、骨折が原因で寝たきりになってしまう人が少なくありません。寝たきりになった高齢者の12％は、転倒による骨折が原因との調査結果もあります。

足腰の弱った高齢者のために、高齢者向けの住宅には、必要に応じて手すりを取り付ける必要があります。手すりは歩くときだけでなく、立ったり座ったりするときの支えにもなります。また、足がつまずかないように、家の中の床はできるだけ段差をなくさなければなりません。いわゆるバリアフリー仕様が高齢者向けの住宅には欠かせないのです。

家の中をバリアフリーにするだけであれば、ちょっとしたリフォームでも可能ですが、高齢者の敵は足腰の衰えばかりではありません。

年をとれば誰でも軽い物忘れが多くなります。生活には大きな影響を及ぼさないのですが、トラブルは起こしてしまう可能性があります。

たとえば、鍵をかけ忘れて空き巣に狙われたり、ガスの火を消し忘れて火事を引き起こしたり、車を運転中に不注意で交通事故になってしまったりなどの危険が考えられます。

認知症を発症して、重度になれば、日常の買い物や近所づきあいなどにも支障を来

高齢者の住宅と生活環境に関する意識調査

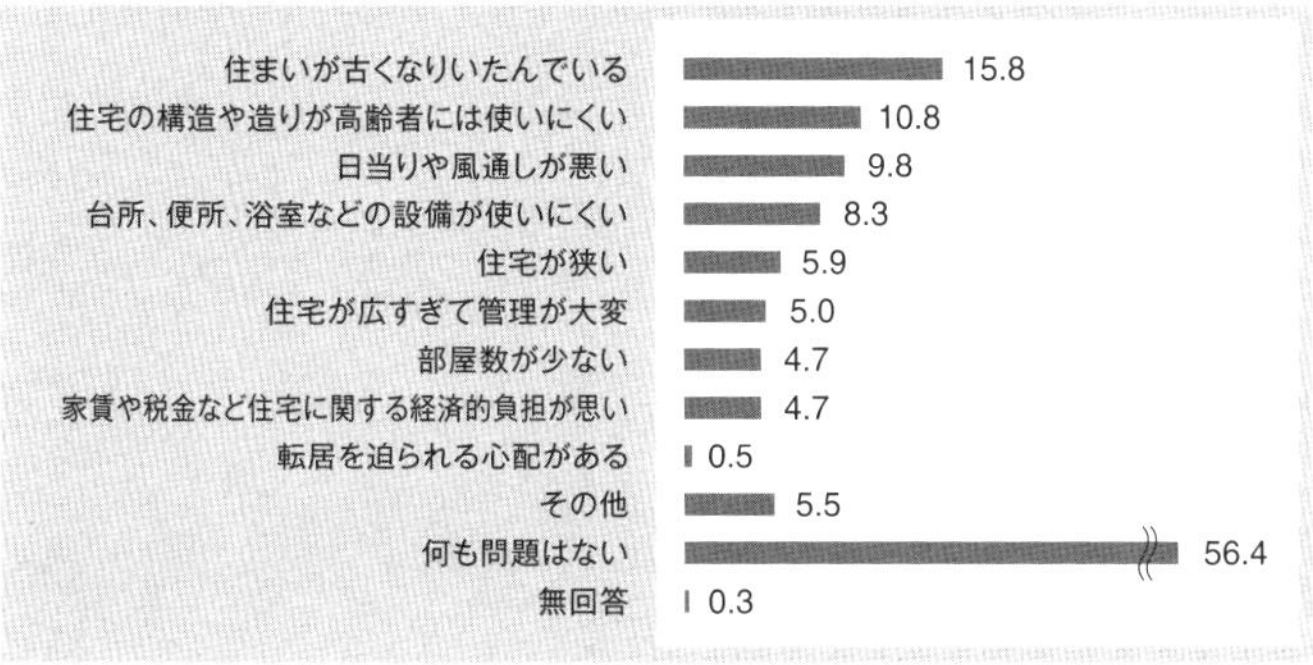

平成18年版高齢社会白書（内閣府）より （注）調査対象は、全国60歳以上の男女

します。こうなると、もうひとり暮らしはできません。家族と同居していれば、まだ自宅で暮らすことも可能かもしれませんが、ひとり暮らしや高齢者夫婦の世帯ともなると、やはり何らかのサービスが受けられる、高齢者向けの住宅や施設に入居するほうが安心です。

また、仮に子どもなど同居可能な家族がいたとしても、不況下で、共働き世帯が多い中、トイレ介助など日中の付き添いが必要な高齢者の介護をするためには、誰かが介護のために仕事を辞めるか、専属の家政婦さんを雇う必要があります。そのようなことは経済的な状況に照らしても現実的には難しいでしょう。

また、介護は重労働です。プロではない、素人の家族の手には負えないことも多く、介護付きの高齢者向け住宅を求める声が大きくなっています。

そうした状況をかんがみるに、介護や生活サービスが充実したサービス付き高齢者向け住宅のニーズは、今後もどんどん高まっていくものと思われます。

一方、必ずしも介護がまだ必要でない高齢者においても、快適な住居や将来への備えを求める気持ちから、高齢者向けの住宅への転居を考える方がたくさんいらっしゃいます。

今はまだ、高齢者自身にも、高齢者向けの住宅の必要性が周知されていないようですが、それは今の60代、70代が昔と比べて若々しいからです。しかし、そのような方もいずれは80代、90代になることを考えておかなければなりません。

私たちは医療の進歩によって、誰もが介護を必要とするまでに長生きするようになりました。やや大げさなようですが、現代は、人類史上初めて、高齢者の生活の質を真剣に考えなければならない時代を迎えたのです。

近い将来、ライフスタイルに合わせて住み替える住宅の最終形態として、サービス付き高齢者向け住宅が選ばれるようになることは疑いありません。

基礎知識

05 補助金、税制優遇、融資制度が用意され、参入がしやすい

サービス付き高齢者向け住宅は、政府が積極的に推進する事業ですから、様々な優遇策が用意されています（平成24年12月現在）。

①補助金

サービス付き高齢者向け住宅を新しく建てるときには建設費の10分の1、既存建築物を改修してサービス付き高齢者向け住宅にするときには改修費の3分の1が補助金として支給されます。

また、補助金は総建設費の最大10分の1まで支給されますが、申請方法により減額されるなど補助金受給額に大きな差が出ますので、申請の際は気をつけましょう。私の会社のようなサービス付き高齢者向け住宅に詳しい、専門コンサルティング会社に

サービス付き高齢者向け住宅の供給支援

「サービス付き高齢者向け住宅」の建設にあたり、整備費に対して補助を実施します。

「サービス付き高齢者向け住宅」に対する融資を実施します。

「サービス付き高齢者向け住宅」の税制において優遇します。

補助

「サービス付き高齢者向け住宅」の供給促進のため、住宅・施設の建設・改修費に対して、国が民間事業者・医療法人・社会福祉法人・NPOなどに直接補助を行います。（サービス付き高齢者向け住宅整備事業）

対象	登録されたサービス付き高齢者向け住宅など
補助額	建設費の1／10　改修費の1／3　（国費上限100万円／戸）
主な要件	●サービス付き高齢者向け住宅に10年以上登録すること ●入居者の家賃が近傍同種の住宅の家賃とバランスがとれていること ●家賃などの徴収方法は前払方式に限定されていないこと

税制

平成25年3月31日までの間に、「サービス付き高齢者向け住宅」を新築または取得した場合、所得税・法人税の割増償却、固定資産税の減額、不動産所得税の軽減措置が適用されます。

		所得税・法人税	固定資産税	不動産取得税
内容		5年間 割増償却40% （耐用年数35年未満のものは28%）	5年間 税額を2／3軽減 （土地は含みません）	家屋: 課税標準から1,200万円控除／戸 土地: 家屋の床面積の2倍にあたる土地面積相当分の価格などを減額
要件	床面積	25㎡／戸（専用部分のみ）	30㎡／戸（共用部分含む）	30㎡／戸（共用部分含む）
	戸数	10戸以上	5戸以上	5戸以上
	その他	—	国または地方公共団体から建設費補助を受けていること	国または地方公共団体から建設費補助を受けていること

融資

住宅金融支援機構において、「サービス付き高齢者向け住宅」としての登録を受ける賃貸住宅の建設に必要な資金、当該賃貸住宅に係る改良に必要な資金または当該賃貸住宅とすることを目的とする中古住宅の購入に必要な資金への融資を実施します。

詳しくは住宅金融支援機構のホームページ（http://www.jhf.go.jp/）をご覧ください。

※税制の優遇及び融資制度は、サービス付き高齢者向け住宅として登録された賃貸住宅に限られます。

相談するのも1つの方法です。

・住宅部分に対しての補助金

新築物件の場合…………建設工事費の10分の1（上限100万円／戸あたり）

既存物件の改修の場合…改修工事費の3分の1（上限100万円／戸あたり）

・住宅と併設するデイサービスなど生活支援施設部分に対しての補助金

新築物件の場合…………建設工事費の10分の1（上限1000万円／施設あたり）

既存物件の改修の場合…改修工事費の3分の1（上限1000円／施設あたり）

また、補助金受給の要件として「サービス付き高齢者向け住宅」の登録をして、10年以上継続することなどの、細かい条件があります。申請の際にはご注意ください。

②税制優遇

不動産の取得や維持、また不動産投資から得られる収入には税金が課せられていますが、サービス付き高齢者向け住宅の登録をすることで、所得税・法人税の割増償却、固定資産税の減額、不動産取得税の軽減措置が適用されます。

―**所得税・法人税**―

当初5年間にわたって当該建築物の減価償却率を高めることができる（割増償却）。

耐用年数35年以上の場合…40％の割増

耐用年数35年未満の場合…28％の割増

適用要件…1戸あたりの床面積（専用部分）が25㎡以上で10戸以上の建物

―**固定資産税**―

当初5年間にわたって税額を3分の2軽減することができる。

適用要件…1戸あたりの床面積（共用部分含む）が30㎡以上で5戸以上の建物

受給要件…国または地方公共団体から「サービス付き高齢者向け住宅」に対する建設費補助を受けていること

―**不動産取得税**―

家屋については、課税標準額から1戸あたり1200万円を控除。

土地については家屋の床面積の2倍にあたる土地面積相当分の価額などを減額。

適用要件…1戸あたりの床面積（共用部分含む）が30㎡以上で5戸以上の建物

受給要件…国または地方公共団体から「サービス付き高齢者向け住宅」に対する建設費補助を受けていること

国土交通省によると、以上の補助金と税制の優遇を受けることで、たとえば3億7000円の土地取得・建設した場合、5年間で約4000万円の減額になるそうです。

③融資制度

不動産投資における銀行融資は非常に重要なポイントです。サービス付き高齢者向け住宅の普及を進めるため、サービス付き高齢者向け住宅を建てる事業者に向けて、有利な融資制度も準備されています。住宅金融支援機構のサービス付き高齢者向け賃貸住宅融資では、最高で対象事業費の100%融資が可能で、35年固定金利と15年固定金利の2種類が準備されています。次ページに概要を掲載いたしましたので参考にしてください。詳細は独立行政法人住宅金融支援機構ホームページをご参照の上、各問い合わせ窓口にお問い合わせください。

サービス付き高齢者向け賃貸住宅建設融資制度の抜粋

借入れの対象条件 2012年10月 独立行政法人住宅金融支援機構

融資種別		サービス付き高齢者向け賃貸住宅建設融資（一般住宅型）	サービス付き高齢者向け賃貸住宅建設融資（施設共用型）
対象条件		サービス付き高齢者向け賃貸住宅の登録	
	住宅の構造及び設備	各居住部分に台所、水洗便所、収納設備、洗面設備及び浴室を備えた住宅	以下の要件をいずれも満たす住宅 ●各居住部分に水洗便所及び洗面設備を備えた住宅 ●共用部分に共同して利用するための適切な台所、収納設備または浴室を備えることによって、各居住部分に台所、収納設備または浴室を備えていない住宅
		※サービス付き高齢者向け住宅の登録を受ける賃貸住宅(当該賃貸住宅で、借入れの対象とならないものを含みます)の場合で、台所、収納設備または浴室を備えていない居住部分が一室でもあるときは、サービス付き高齢者向け賃貸住宅建設融資(施設共用型)となります。	
	保証人	必要	不要
	1戸当たりの専有面積	25㎡以上 ※居間、食堂、台所その他の居住の用に供する部分が高齢者が共同して利用するため十分な面積を有する場合は、18㎡以上となります。	18㎡以上
		※都道府県が定める高齢者居住安定確保計画により別途基準が定められている場合は、当該基準に定める専有面積以上となります。	
	賃貸住宅部分(注)の延べ面積	200㎡以上	
	敷地面積	165㎡以上	
	戸数	制限なし	
	建物の形式(建て方)	一戸建て以外（共同建て、重ね建て及び連続建て）	
	構造	耐火構造または準耐火構造（省令準耐火構造を含みます。）	
	機構の技術基準	接道、断熱構造（省エネルギー対策等級3以上）、配管設備、区画、床の遮音構造及び空地の確保に関する基準があります。	
	賃貸する住戸の契約形態	賃貸する住戸の契約関係は、建物賃貸借契約に限ります。 ※利用権契約によるご契約の場合は、借入れの対象となりません。	
	借入れの対象	賃貸住宅部分（注）の延べ面積が建物全体の延べ面積の3／4以上の場合 →建物全体 賃貸住宅部分（注）の延べ面積が建物全体の延べ面積の3／4未満の場合 →賃貸住宅部分（注）のみ	
	中間資金	分割で借入金の受取を希望される場合は、着工時（借入総額の約30%）、屋根工事完了時（借入総額の約30%（累計約60%））及び竣工時（借入総額の約30%（累計約90%））に中間資金の受取が可能です。 ※原則として、着工時と屋根工事完了時の中間資金の額は、機構の算定した土地評価額が上限となります。	

(注)賃貸住宅部分とは、サービス付き高齢者向け賃貸住宅建設融資の対象となる住宅の専有部分及び共用部分をいいます。

サービス付き高齢者向け賃貸住宅建設融資制度の抜粋

借入額

最高で対象事業費の100%(10万円単位)が借入れの対象です。ただし、収支計画などを審査した結果、借入額が希望どおりの金額とならない場合があります。対象事業費は次の費用です。

対象事業費	建築主体工事費、電気工事費、給排水衛生工事費等の本体工事費及び屋外附帯設備工事費、既存建物の除却工事費、開発工事費、設計費、工事監理費、敷地測量費、土地取得費　等
対象外事業費	サービス事業に係る設備関係費用、入居者募集・広告費用、仲介手数料、移転される自宅の再建築費用、既存抵当権抹消に係る残債務(土地取得費に係るものを除きます)　等

※建築工事費確認のため、工事請負契約締結後、契約書の写しを、また、竣工精算時には工事費精算報告として労働保険(確定)申告書の写し及び領収書の写しをご提出いただきます。※国、地方公共団体等から住宅の建設費に対する補助金等を受ける場合は、借入額が減額となる場合があります。

借入金利

●借入金利は、受付期間ごとに決定し、各受付期間終了後約2か月後に金利決定通知書または融資予約通知書でお知らせします。
●金利タイプは、35年固定金利と15年固定金利の2種類です。
●15年固定金利を選択した場合、15年経過後の適用利率は、契約締結日から15年を経過した時点で見直されます。見直し後は、残返済期間の全ての期間を固定金利とし、見直し時点における機構賃貸融資の金利タイプのうち、固定金利の期間が残返済期間以上でかつ最も短い金利タイプの利率を適用します。
●サービス付き高齢者向け賃貸住宅建設融資(施設共用型)をご利用の場合は、サービス付き高齢者向け賃貸住宅建設融資(一般住宅型)の借入金利に1%程度(平成24年10月現在)上乗せした借入金利となります。
●繰上返済制限制度をご利用の場合は各金利タイプの借入金利から0.2%程度(平成24年10月現在)低くなります。
●35年固定金利と15年固定金利を組み合わせて利用することもできます。

返済期間

35年以内(1年単位)

返済方法

元利均等毎月払い、または元金均等毎月払い

※その他リフォーム融資などもあります。
利用条件、審査など細かい規定がありますので、詳しくは機構ホームページへ

http://www.jhf.go.jp/keiei/yushi/info_1.html

自分の土地でできるの？
探す場合はどんな土地が有利？

土地の評価と土地選定

土地選定

06
あえて市街化調整区域など活用しにくい土地を利用する

サービス付き高齢者向け住宅に向いている土地とは、どのようなものか考えてみましょう。

通常の賃貸物件であれば、ある程度都会で、生活に便利なこと。公共交通機関が発達しており、電車やバスなどが利用しやすいこと、あるいは高級住宅地やオフィス街などが条件として考えられます。

しかし、そのような条件のよい一等地は、土地の購入価格はもちろん、借りるとしても賃借料が高くなります。サービス付き高齢者向け住宅を成功させるための大きな要素の1つは、初期投資を抑え、その分家賃も低く抑えることです。ですから大規模な投資で参入する場合を除き、サービス付き高齢者向け住宅を建てる場合には優先する条件ではないと考えます。

現在、サービス付き高齢者向け住宅の建設にお勧めしているのは遊休不動産の活用です。たとえば、親から相続した不動産を考えてみましょう。不動産は、自分がその土地に住むのではない限りなかなか厄介な財産になります。なぜならば、不動産はただ持っているだけで毎年、固定資産税がかかるからです。

固定資産税は、その不動産の課税標準額の1・4％です。

たとえば、課税標準額が6000万円なら84万円、1億円なら140万円もの税金が毎年かかります。土地はたしかに資産かもしれませんが、バブル崩壊後の不動産はただ持っているだけでは何の利益も生み出しません。活用しなければ、単なる金食い虫です。

ですから土地を持っている方が相続税対策などでマンションやビルを建設するのは、賃料収入という収益面のメリットだけではなく、固定資産税そのものを減額する意味があります。なぜならば、土地を住宅用途にするだけで、固定資産税の計算に使用する課税標準額を、おおよそ6分の1に軽減することができるからです。

また、空き地を賃貸住宅にすることで、相続税も下げることができます。日本の小規模な賃貸アパートのほとんどは、もともと節税のために始められたものではないかと私は考えています。

このことをさらに具体的に見てみましょう。

前提条件として、あなたが評価額1億円の土地と、現預金1億円を持っているものとします。これをそのまま後生大事に抱えたまま亡くなってしまうと、残された遺族にかなりの額の相続税が課せられることでしょう。

そこで、所有する土地の上に、現預金1億円と借入金5000万円を使って、1・5億円の賃貸物件を建設するシミュレーションをしてみましょう。これによって、次の3点において、財産が圧縮され、相続税の軽減が図られます。

①現預金で建物を建設すると財産の圧縮効果がある

まず、建物の財産評価を圧縮する方法について説明します。

通常、相続税を計算する際の建物の評価は、固定資産税評価額により行うことになっています。そして、固定資産税評価額は一般的に建築価額の60~70%になるとされています。

よって、建物を建てた時点で1億5000万円あった現預金（借入含む）は、評価額1億5000万円の建物に変わることになります。この時点で4500万円の財産圧縮効果があります。

さらに建物を賃貸物件とすることで、建物の相続税の評価は固定資産税評価額から借家権相当額（借家権割合は30％）を控除した金額となるので、1億5000万円の財産が、相続税の計算の上では7350万円の評価額になります。

②土地を貸家建付地にすることで評価額を下げられる

次に土地の財産評価を下げる方法についてご説明します。

土地の上に賃貸物件を建てれば、その土地は貸家建付地となります。貸家建付地とは貸家にした建物のある土地のことです。貸家建付地については相続税の計算をするにあたって一定の評価減が行われます。

つまり、仮に上記土地の借地権割合が50％（地域によって異なります）であるとした場合、土地の評価額は1億円から8500万円まで下がることになります。その評価式は次のようになります。

1億円×(1−50%×30%)＝8500万円(50%は借地権割合、30%は借家権割合)

③借入金を相続財産から差し引くことができる

建物を建てるための借入金5000万円は負債になりますから、相続財産の評価金額から差し引くことができます。

以上をまとめると次の表のように、2億円の財産が、1億850万円に軽減でき、その分だけ相続税も軽減できることになります。

財産の種類と財産評価額

財産の種類	賃家建設前の財産評価額	賃家建設後の財産評価額
土地	100,000,000円	85,000,000円
現預金	100,000,000円	0円
家屋	−	73,500,000円
借入	−	−50,000,000円
合計	200,000,000円	108,500,000円

このように、所有してはいるけれど特に使い道を考えていない土地は、サービス付き高齢者向け住宅に最適です。一方活用が難しい市街化調整区域に不動産を所有している方にとっては土地活用のチャンスでもあります。

なぜなら、通常の賃貸住宅は、市街化調整区域には建てられないのですが、「サービス付き高齢者向け住宅」に関しては、現在、政府の強力な後押しがあり、一定の条件さえ揃えば、その限りではないのです。

ここで、市街化区域と市街化調整区域の違いについて簡単に説明しておきます。

市街化区域とは、いわゆる町の部分で、その区域内については住宅や商業ビルなどをほぼ自由に建てることができます。一方、市街化調整区域とは開発を制限されている区域で、原則として住宅や商業ビルを建てることはできません。そのため、たとえ隣り合っていたとしても、市街化調整区域の地価は、市街化区域に比べて安くなります。

いってみれば、市街化調整区域の土地とは、不動産投資に活用することができない不良資産なわけです。

しかし、そのような不良資産であっても、誰かに貸すのではなく、土地の持ち主本人が経営するのであれば、サービス付き高齢者向け住宅の建設が許可される場合があります。その基準はおおよそ次のとおりです。

Q．開発許可制度におけるサービス付き高齢者向け住宅はどのような扱いになるのか。

A．市街化調整区域にサービス付き高齢者向け住宅を立地するにあたっては、開発許可制度運用指針（技術的助言）において、以下の場合は許可して差し支えないものとしています。

・サービス付き高齢者向け住宅のうち、食事、介護、家事、健康管理のいずれかのサービスを提供するもの

かつ、調整区域内の病院と密接に連携する必要がある場合等、やむを得ない場合

サービス付き高齢者向け住宅情報提供システム（一般社団法人すまいづくりまちづ

くりセンター連合会）より

つまり、近隣の病院と密接に連携し、なおかつ、ただの賃貸住宅にとどまらないサービスを提供しているのであれば、市街化調整区域であっても建設を許可される場合があるのです。

これは、遊休地を抱えている地主さんにとっては、不動産で収入を得るまたとない好機といえるでしょう。あるいは、土地を持っていない方でも、市街化調整区域の土地を格安で手に入れることで、事業を行うチャンスにもなります。

ここで、多少でも不動産投資の経験がある方は、次のように考えるかもしれません。「市街化調整区域というものは、たいていの場合、市街から離れて不便なところにあるから、たとえ建てても入居者が少ないのではないか」と。

その懸念は、一般の賃貸住宅に関する限りはもっともですが、「サービス付き高齢者向け住宅」の場合は必ずしも当てはまりません。

もちろん、まったく人気のない山奥などは論外ですが、ある程度市街地に隣接した場所であれば、その分家賃を安く設定できますので、たとえ市街化調整区域といえども十分に勝算はあります。必ずしも商店街や繁華街や駅などの利便性のあるスポットにある必要はないのです。

もちろん、高齢者にもいろいろな方がいますから、特に前期高齢者（65〜74歳）であれば、街中に住みたいという希望を持つ方もあるでしょう。

そのようなニーズには近隣のショッピングセンターなどへの送迎サービスを用意する、移動販売をよぶ、レクリエーション企画を行うなどといった、プラスアルファの生活サービスの提供で補うことができます。

逆に、落ち着いた静かな場所に住みたいと考える高齢者も少なくはありません。

一般にサービス付き高齢者向け住宅では、立地条件よりもスタッフやサービスの質のほうが問われます。ですから、通常の不動産投資とは異なり、気にするべきなのは、土地の価値ではなく、どのような事業を行うかです。

いかに入居者のことを考えて、快適な生活を提供できるかが、サービス付き高齢者向け住宅経営の成否の分かれ目となります。

土地選定

07

老化とともに高齢者向け住宅に移る層を取り込む

所有している土地や、事業を行おうとしている地域の持ち家率が高かった場合、サービス付き高齢者向け住宅を建てても、入居者の獲得に苦労するのではないかと躊躇する人が多いかもしれません。

東京や大阪などの大都市であれば、都心部の賃貸住宅で暮らす層が、やがてサービス付き高齢者向け住宅に移り住むという構図は容易に想像できます。

また、高度成長期に建てられたベッドタウンのマンモス団地群の周辺なども、サービス付き高齢者向け住宅に向いていると誰もが思うでしょう。

たしかに都市部の方がサービス付き高齢者向け住宅のニーズは高いのですが、郊外で持ち家率が高い地域だからといって、あきらめる必要はありません。

なぜならＱＯＬ（クオリティー・オブ・ライフ）を真剣に追求していくと、高齢者のすべてに、それぞれの状態に合わせた高齢者向け住宅になると思われるからです。

人はライフサイクルに合わせて住居を替えていくものだと私は考えています。

たとえば、子育て期には、階段や椅子や机など、高いところから乳幼児が落ちる、また、逆に高いところから物が落ちてきて、乳幼児にぶつかるなどの危険を考慮した住環境です。そのため、ベビーベッドには必ず柵が付けられますし、誤飲の可能性のある小さなものも、注意深く排除されます。

次に、子どもが大きくなれば、それぞれの独立した部屋をほしがるでしょうから、それまでよりも部屋数の多い住宅が必要になります。

マンションの販売広告などに、ファミリータイプという言葉が存在することは、子どもを持ち、家族が増えると、それまでとは異なる住居が必要とされることをよく表しています。

やがて子どもが成人して家を出て、自分も高齢者と呼ばれるような年齢になると、ファミリータイプの住居が広すぎることに誰もが気付くようになります。

かつての子ども部屋は、ほとんど誰も入らない物置と化し、年を重ねるにつれて広すぎる家の掃除がおっくうになります。

若い頃は気にならなかった、近所の商店や駅までの距離を歩くことに疲れを感じるようになります。家の中ですら、階段の上り下りが負担になり、ふと気がつくと、壁や手すりに手をついて歩いている自分がいるのです。庭の手入れやゴミ出しもおっくうです。

30代で建てた家も、ちょうど築30年以上経って、だいぶ古くなっています。屋根や外壁の補修が必要になりますが、まとまったお金が必要になるので、なかなか決心がつきません。冷暖房も、昔よりはもっと快適な製品が出ているのでしょうが、買い替えるのが大変です。そもそも家の断熱がしっかりしていないので、朝晩の冷え込みが身体にこたえます。

高齢者こそ、その身体状況に合わせて、より快適で新しい住居を求めるべきです。

さらに、ここに介護の問題が加わります。

ある程度以上の介護が必要になると、毎日の生活に誰かの助けが必要になります。

では、実際に介護を必要とする人は、どの程度いるのか見てみましょう。次ページ

年令別人口に占める要支援・要介護認定者の割合

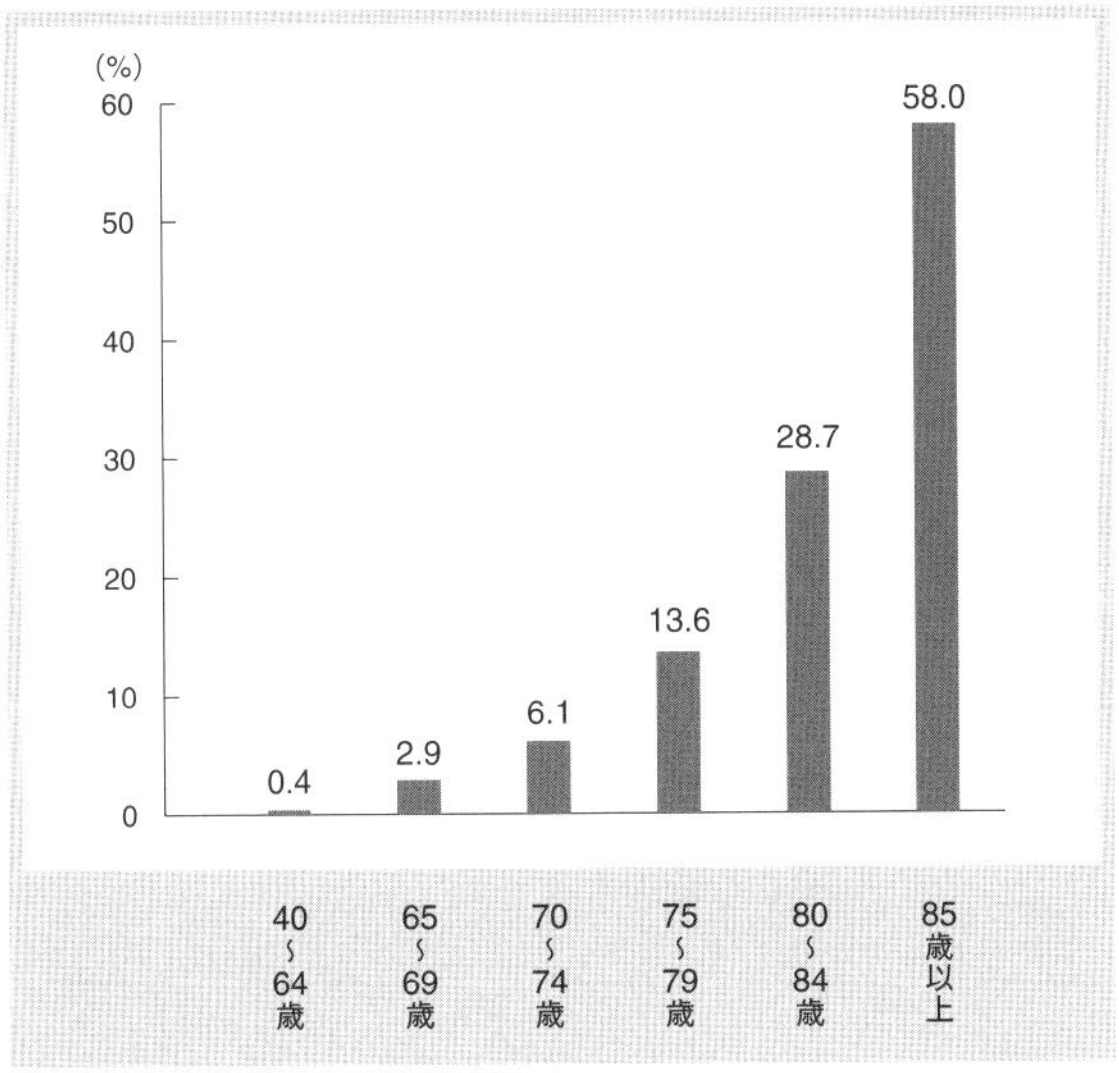

厚生労働省「介護給付費実態調査（平成23年12月審査分）」
総務省統計局「人口推計（平成23年12月月確定値）」
公益財団法人 生命保険文化センターより

のグラフは、介護保険制度で、要支援・要介護と認定された人の割合です。

実際のところ、高齢者といっても70代で要支援・要介護認定されている方は、せいぜい10人に1人くらいしかいません。しかし、これが85歳以上になると、なんと10人に6人、6割の人が介護を必要とするようになります。

2010年のデータによると、日本人の平均寿命は82・93（男性が79・64歳、女性が86・39歳）です。平均寿命が年々延びていることを考えると、私たちの半数以上は、死を迎える前に介護を必要とする身体になってしまうといえるでしょう。

そのときに、はたして今までと同じ住宅に住み続けることができるでしょうか。

住宅を大々的にリフォームして、さらに介護に献身的な家族がいてくれるのであれば、そのような生活も可能かもしれません。

読者の中には、自分に介護が必要になったら、息子夫婦、娘夫婦が同居して面倒を見てくれると淡い期待を抱いている方も多いかもしれませんが、都市部を中心に、核家族化が進んでいる今、介護が必要になったからといって、子ども世帯にとっても今までの生活を変えて同居するということは、現実的には非常に難しいでしょう。

高齢者のいる世帯の推移

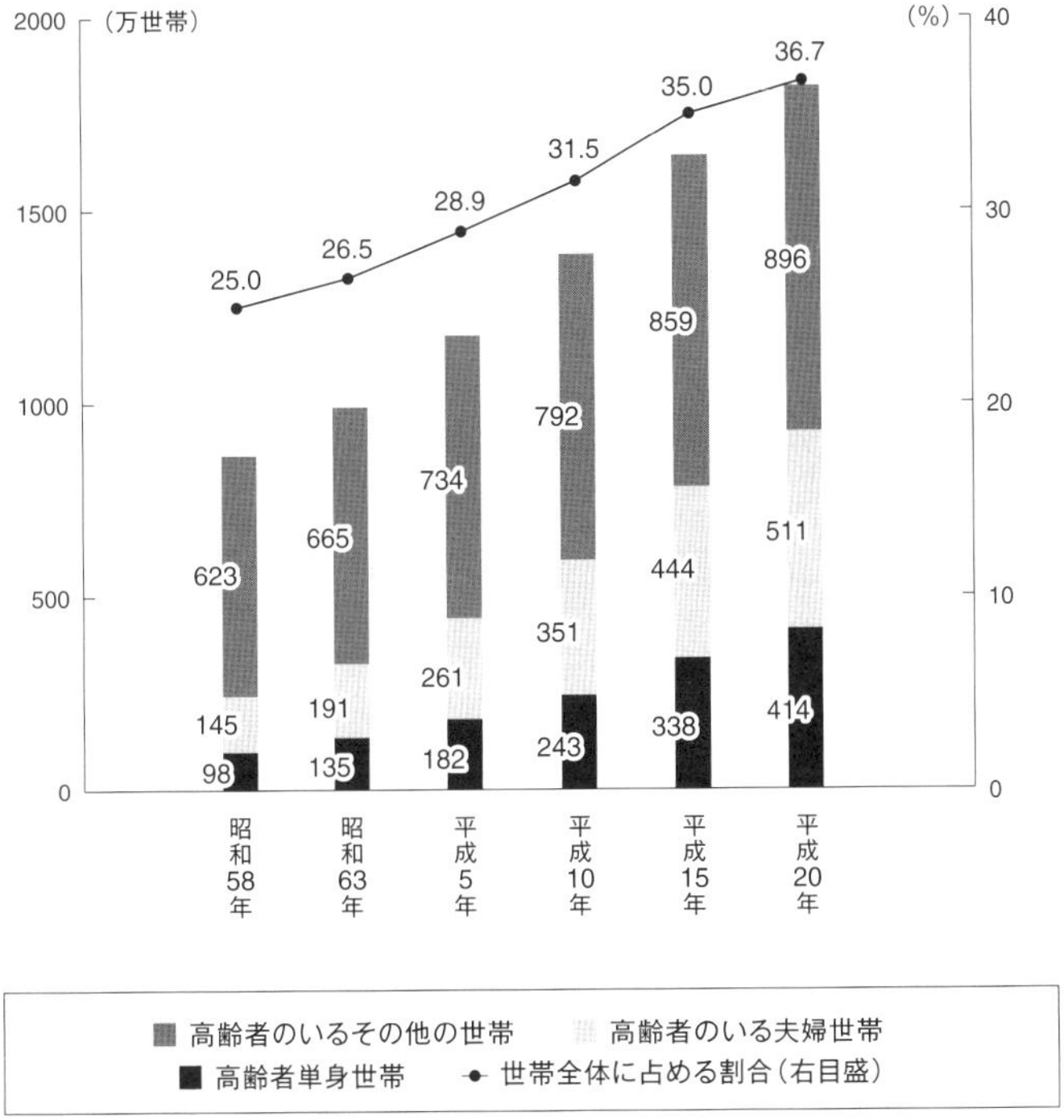

平成20年住宅・土地統計調査(総務省統計局)より
(注)世帯の数値は、万世帯単位で四捨五入してあるので、内訳の計は必ずしも合計に一致しない。

※1 「高齢者のいる世帯」とは、「65歳以上の世帯員のいる世帯」であり、次の3つの型に区分している
①高齢者単身世帯………………65歳以上の単身の世帯
②高齢者のいる夫婦世帯……… 夫婦とも又はいずれか一方が65歳以上の夫婦一組のみの世帯
③高齢者のいるその他の世帯… 高齢者のいる世帯から上記2つを除いたもの
(高齢者と、生計を共にするその他の世帯員で構成される世帯)
なお、「高齢者のいる世帯」は昭和58年から集計している。
※2 世帯全体……施設等(病院、老人ホームなど)の世帯は除く。

2010年の総務省の調査によると、日本の全世帯のうち、65歳以上の高齢者のいる世帯は1821万世帯になるそうです。

このうち半数以上にあたる925万世帯（51％）は高齢者夫婦のみか、高齢者の単身世帯になります。高齢者夫婦世帯というのは、いずれどちらかが先に亡くなることを思えば、高齢者単身世帯の予備軍です。そして、その数は年々増加の一途をたどっています。これらの人たちにとってサービス付き高齢者向け住宅や介護施設は、将来的になくてはならないものといえるでしょう。

また、残りの896万世帯（49％）は息子夫婦などと同居していますが、これらの人々の中には、90代の親と60代の夫婦という老々介護世帯が含まれているかもしれません。

息子や娘が都会に出て働いているような状況では、残された老親にとって頼りになるのは介護のプロフェッショナルしかいないのです。

サービス付き高齢者向け住宅の経営を考えるのであれば、切実に介護が必要で、行き場のない高齢者の方々でも安心して過ごせる住まいを提供することはもちろん、前期高齢者が、ふと将来を不安に感じたときに、住み替えを検討していただけるようなプランを考える必要があります。

2008年に77歳で亡くなった評論家の俵萠子さんは、老後への不安からその晩年を老人ホームなどの終の住み処探しに費やしました。その模様をまとめた著書には、次のようなエピソードが紹介されています。

ある日、70代半ばになる女学校時代からの友人が、東京の一軒家を引き払い、横浜の有料老人ホームに引っ越す計画を著者にうちあけます。14年前に夫をなくしているとはいえ、離れて暮らす息子も娘夫婦もいるのに、なぜそのようなことをするのかと問う著者に対して、友人は2つの理由を挙げ、1人で暮らす自信がなくなったと答えました。

1つは、ある晩家に帰ると、家の中に見知らぬ男が侵入していたこと。

もう1つは、冬に引いた風邪が治らず、熱とセキが続いて肺がんかもしれないと怖くなったこと。1人で暮らす自信がなくなったそうです。

やがて、計画どおり住宅型の有料老人ホームに引っ越した友人の元を訪れた著者は、引っ越してよかった点を尋ねます。それに対してこのような答えが返ってきました。
「あのね、何ていうのか。ホッとするの。ここは自分以外に、生きものがいっぱいいるという感じ。さびしくないの。東京の郊外の住宅街の一軒家のほうが、ずっと、ずっとさびしかった。」（『子どもの世話にならずに死ぬ方法』より）

このエピソードからもわかるように高齢者の生活には、不安がつきものです。今は介護を必要としていなくても、健康面での不安、精神的な不安、そして何かあったときに、誰にも助けてもらえないのではないかという不安を訴える方はおおぜいいらっしゃいます。

私の経営するサービス付き高齢者向け住宅には、要介護度の高い人から、介護を必要としない方まで、幅広く入居されていらっしゃいます。また、入居者の中には併設する介護事業所で働き、現役生活を維持していらっしゃる方もいます。

それは、プランニングの際に、幅広い要介護度の方々が利用できるよう配慮したことが功を奏したのではないかと考えます。

ハートケアメゾン みなみの風 八帖 フロア図

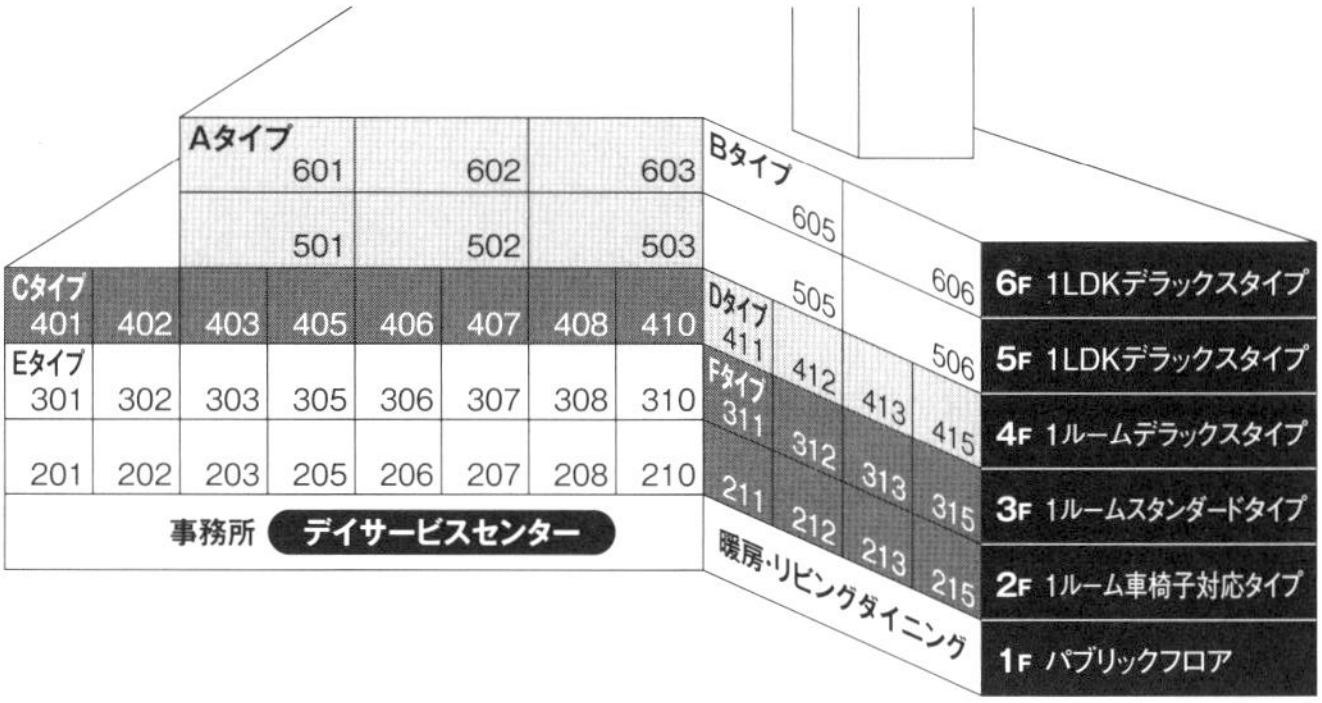

ハートケアメゾンみなみの風ホームページ
http://www.minaminokaze.tv/

要介護度の高い方々の居室は、低層階のフロアに設置し、スタッフが足を運びやすくして細やかな介護ができるように工夫しました。

一方、まだ様々なことを楽しむ余裕がある、自立の方のためには、お1人住まい用のコンパクトな居室からご夫婦などでご利用いただける広い居室まで数タイプの居室を用意しました。

屋上には多目的に使用できるパブリックスペースである足湯などをつくり、入居者の皆さんがコミュニケーションをとる場所を設けるなど、人生を楽しむ、ゆとりがある建物にしたことが大きく貢献していると思います。

土地選定

08

大企業、転勤族が居住するベッドタウンは親の呼び寄せ需要が高い

私が経営するサービス付き高齢者向け住宅は、愛知県の三河地区にあり、同じ県内でも大都市である名古屋市に比べれば田舎にあたります。

この地域で何代も暮らしている方々の多くは、子どもが結婚する際に親の家と同じ敷地内や近隣に家を建てて暮らし、親が高齢になれば同居するという持ち家文化があります。

そのため同居率も高く、保守的な地域ですので、親の面倒は子どもが見るのが当然といった風土も色濃く残っています。前項でもお話ししましたが、一般的に考えて、サービス付き高齢者向け住宅の経営には不向きな土地だと思われます。

しかし一方で、トヨタを中心とした製造業が集中しており、そうした大企業に勤務する方々のベッドタウンとしても栄えています。そのような方々がある程度の年齢に

なって持ち家を取得し、故郷でひとり暮らしをしている親が高齢になると、生活が心配で、自分の住む街に親を呼び寄せるという光景がよく見られます。

親のことが心配であれば同居するのが最もよいのでしょうが、住宅事情により、親の部屋が準備できない、あるいは、共働きで日中、家にいて介護する家族がいないなどの理由があると、他に住宅を求めざるを得ません。

特に、女性が自分の親を呼び寄せる場合は、夫に対して遠慮があるようです。そこで、家の近くにあるサービス付き高齢者向け住宅が活用されます。

そうした入居者の皆さんは、まだ要介護度も低く、自立し、今までどおりの生活を楽しみながら、子ども世帯の家とサービス付き高齢者向け住宅を頻繁に行き来しています。中には、平日はサービス付き高齢者向け住宅で過ごし、週末は家族の家で一緒に過ごすといった生活パターンの入居者もいます。

家族の方もいわゆる〝スープの冷めない距離にある親の部屋〟という感覚で歓迎されているようです。

一般に、高齢者は住み慣れた家を離れたがらないといわれていますが、実際にひとり暮らしが難しくなったり、息子や娘に強く説得されたりしたときには、サービスや設備の行き届いた高齢者向け住宅へ移る覚悟を決めるようです。

その理由の1つには、1人で生活できなくなり、近隣に迷惑をかけたくないという思いや、離れた土地で暮らしていて寝込んだりすると、子どもが遠方から駆けつけなければならないという負担をかけたくないという気持ちが強く働くということが考えられます。

こうしたニーズを考えると、新興住宅地であってもあきらめる必要はありません。大企業の転勤族が多く住む土地には、サービス付き高齢者向け住宅のニーズが強いという点があります。

また、それだけでなく、共働き世帯が多くても、親の介護ができないという理由から、利用する可能性があるということも想定されます。

このように一般の賃貸物件での土地選定よりも、様々な可能性を探ることができることもサービス付き高齢者向け住宅の魅力です。

土地選定

09

土地貸し、サブリースなど条件に合わせて選択する

遊休地を所有し、土地活用としてサービス付き高齢者向け住宅を経営する場合、4つの考え方があります。

1つめは、土地だけ貸し、土地の地代収入を得る方法です。

2つめは、土地に建物を建ててから、サブリースして賃料収入を得る方法です。

3つめは、土地に建物を建てて賃貸業務のみを管理し、ハードルが高い生活支援や介護サービスは、提供事業者に委託する方法です。

4つめの選択肢として、自分ですべてを運営することもできます。

サービス付き高齢者向け住宅は、通常の不動産投資（賃貸住宅経営）と同じように、ただ土地を貸すだけで収入を得ることもできますし、あるいは自分で建物を建てて管

理運営することもできます。

ただし、いずれの投資においても同じことですが、自分が実際に関わる範囲が広いほど、リターンは大きくなります。つまり、ただ土地を貸すだけの場合と、土地に建物を建ててそれをサブリースする場合と、賃貸管理する場合、運営まで自分でする場合とでは、後のほうになればなるほど、より収入は大きくなります。

そのあたりをわかりやすく説明してみましょう。

●土地貸しの場合

サービス付き高齢者向け住宅を運営する建て主である事業者が、土地の賃料を支払います。

地主にとっては、リスクを負わずに収入を得ることができますが、収益自体は一番少なくなります。また、その土地には建築物が建てられてしまいますから、20年なり30年なりの長期間の契約になることは覚悟する必要があります。

一方、建て主は、この建物を運営管理し、サービスを提供することもできますし、テナントに貸すことで賃貸料金を得ることもできます。

●サブリースの場合

建物は地主が建て、不動産管理事業者が1棟まるごと借り上げるケースです。地主は地代と建物の賃料収入を安定して得ることができます。

管理業者は、入居者募集、家賃徴収などの管理業務を地主に代わって行い、その対価として管理費を得ます。また、得られた家賃収入すべてを地主に支払う必要はないため、その差額も収益とすることができます。ただし、入居者が少なくても定められた最低家賃は地主に支払わなければならないため、空室リスクを負います。

地主にとっては、自分で運営するよりも収益は下がりますが、空室リスクや管理に関する手間がまったくなく、募集などの心配もないため、気軽に収入を得られる方法です。

●テナントの場合

建物は地主が建て、通常の賃貸業務も地主が行います。いわゆる大家さんをするパターンです。入居者募集や管理業務は地主が自らしなければなりませんが、サービス提供については提携事業者（テナント）に任せるので、通常の賃貸住宅の管理とそれほど変わることはありません。

地主（建て主）は入居者の家賃の他、テナント入居するサービス提供事業者の家賃も得ることができます。

もし、複数のテナントを入れる建物が可能であれば、1階部分はクリニックとして医療法人に貸し出し、2階から上をサービス付き高齢者向け住宅として介護事業者に貸し出すプランなども想定できます。建て主はテナントが退去する、あるいは倒産しない限り、毎月定額の収入を得ることができます。

ただし、自ら運営する場合もテナントを入れる場合も、最初に巨額の建設費を負担するため、立地や建物のプランニングには気を遣わなければなりません。

一方、テナントは、サービス付き高齢者向け住宅のサービス部分の事業によって収益を上げます。テナントは、不動産に関しては賃貸借契約なので、購入や建設のために莫大な投資をする必要がありません。その代わりに、事業の成否（入居者の数やサービスの利用頻度）に対してはリスクを負っています。

自分で運営する場合

賃貸管理以外に、生活支援や介護サービスも自ら提供すれば家賃収入の他、生活支援、介護サービスによる収入も得られます。

特に介護サービスについては、非常に難しく感じるかもしれませんが、家賃収入というベースがある上で運営する事業になりますので、初めての方でも取り組みやすくなります。

また、生活支援や介護サービスを自ら提供すれば、よりよいサービスを追求することができます。それによりサービス付き高齢者向け住宅を建てた後も、入居者にとってより魅力的なものに成長させていくことができますのでお勧めです。

どんな建物で、
どんなサービスを提供する?

収益計画を決定付ける
プランニング

プランニング

10 登録申請をして補助金と税制優遇で高利回りを目指す

ここからは、サービス付き高齢者向け住宅を建てるにあたって、どのような計画が必要なのか考えていきましょう。

まずは、初期投資の面から、サービス付き高齢者向け住宅のメリットを生かすためのプランニングに欠かせない登録申請について考えてみましょう。

すでに賃貸住宅の経営をされている方ならよくご存じのとおり、不動産投資は株や債券などその他の投資に比べて利回りがよいといわれています。

なぜ不動産投資の利回りがよいかといえば、決して安くはない不動産を購入するというかたちでリスクを負っているからです。もちろん元本も保証されません。

一方で、株や社債は、会社が倒産すると無価値になってしまいますが、不動産は大地震や戦争など、よほどの天変地異がない限り、土地と建物という財産は残ります。その意味ではハイリスクともいいきれないところがあります。

国債のようなローリスク・ローリターンの投資ではなく、かといってレバレッジをかけたFXのようなハイリスク・ハイリターンの投資でもなく、ミドルリスク・ミドルリターンの投資として不動産があることを、まずここで確認しておきます。

ではここで、利回りについて改めて復習しておきましょう。

ご存じのように、利回りは次のような公式で表されます。

表面利回り＝「年間収入」÷「投資金額」×100

たとえば、あなたが持っている土地に、6000万円の建設費で10部屋のアパートを建てたとしましょう。1部屋あたりの家賃を月5万円とした場合、満室時には月50万円、年間で600万円の収入を見込むことができます。

この場合、投資金額が6000万円で年間収入が600万円ですから、先ほどの計

表面利回り計算例

6000万円投資して、1部屋5万円の家賃の10部屋の賃貸住宅を
経営する場合の利回りを計算します。

満室時 1ヶ月あたり家賃収入	5万円 ✕ 10部屋 ＝ 50万円
1年の家賃収入	50万円 ✕ 12カ月 ＝ 600万円

表面利回り　10%

1年の家賃総収入	÷	投資金額	＝ 0.1
600万円		6000万円	

算式に当てはめると、利回りは10％になります。

現在、普通預金の金利が０・１％以下、国債や社債でもせいぜい１％にしかならないことを思えば、仮定とはいえ10％の利回りは大変魅力的に見えます。しかし、これはあくまでも満室で運営することを想定した場合の数字です。もし5部屋しか埋まらなければ、年間収入は３００万円となり、利回りは５％に落ちてしまいます。仮に１部屋しか埋まらないとしたら利回りは１％にしかなりません。

では、利回りを増やすためにはどのような方法が考えられるでしょう。答えは２つです。

１つは年間収入を増やすこと。

もう１つは投資金額を減らすことです。

そしてサービス付き高齢者向け住宅は、まさにこの２つの点において、他の不動産投資よりも勝っているのです。

①市場のニーズがあるから収入が増える

十数年前まで、不動産投資の主役といえばアパートの経営でした。いや、今でも賃貸住宅の経営を勧める不動産会社やデベロッパー、コンサルタントはちまたにあふれていると思われます。

しかし、すでに本書の冒頭で見たように、少子高齢時代を迎えて、賃貸住宅の空き室率は高まる一方であり、今後は新たに賃貸住宅を建設しても、想定どおりに空室を埋めるためにはかなりの競争を勝ち抜く必要があります。

そこで、今後の市場のニーズをとらえた住宅として、サービス付き高齢者向け住宅が注目されるようになりました。高齢者向け住宅は、入居希望者が今後増加することが見込める有望な市場です。そのためうまく運営すれば空室リスクが少なくなり、満室になることで収入が増加して、利回りがよくなることが期待されています。

②様々なサービスを付けるから収入が増える

サービス付き高齢者向け住宅では、最低でも安否確認と生活相談のサービスを提供しなければなりません。

安否確認とは、入居者の方が倒れていたりしないかどうか、毎日確認することです。生活相談とは、入居者の方から何か相談があったときに解決策を提示したり、あるいは解決できる機関を紹介したりすることです。これらのサービスを提供するために、少なくとも日中は担当者を常駐させておく必要があります。

以上のサービスに対して、入居者はサービスの利用度によって、サービス料金を支払います。

また介護保険とは別に有料サービスとして、入居者の暮らしに必要なサービスを提供することができることが特徴です。

毎日の掃除や、入居者の汚れ物を受け取って洗濯して届けるクリーニングサービス、そして買い物代行や付き添い、かかりつけ医への送迎など、入居者のニーズに合わせて様々なサービスが想定されます。

これらのサービスの提供に関する対価は、都度払いのものから、月額制にして利用者が安心して利用できるようにするなど、運営事業者の考え方で設定も自由にできることが魅力です。

③介護保険があるから収入が増える

サービス付き高齢者向け住宅では、安否確認と生活相談サービスが義務付けられていますが、その他にも、高齢者が安心して暮らしていくために、介護サービスの提供が必須だと私は考えます。また、サービス付き高齢者向け住宅の経営においては、この介護保険サービスの収益が大きな基盤となります。

それでは介護サービスはどのように提供し、どのような申請で介護保険が受けられるようになるのでしょうか。

まずは入居者の居室に訪問し、介護サービスを提供するための訪問介護事業所（ヘルパーステーション）を建物内に設置する必要があります。訪問介護事業所は、立派な事務所がなくても居室の1室を事務所にすることでも始められますから、サービス付き高齢者向け住宅には開設しやすい事業所の1つです。

介護サービスを受ける方のケアプランに基づいて、ここから有資格者が居室を訪問し、介護サービスを提供することで介護保険が適用されるようになります。

もちろん入居者は、どこのヘルパーを利用しても自由ですから、外部のヘルパーを利用する可能性もありますが、同じ建物内に事業所があれば、そこを利用する方が便利だと思う方が多いはずです。

なお、生活支援サービスや食事サービスは、利用者が利用料金を全額負担しなければなりませんが、介護サービスについては介護保険が適用されますので、利用者は利用額の1割負担で利用することができるため、頻繁な利用が期待できます。

また、私がお勧めするのは、デイサービスの併設です。

デイサービスとは、機能訓練やレクリエーションなどを中心に、入浴や食事などを提供する在宅サービスです。介護保険制度の成立以来、多くの高齢者にとって馴染みのあるサービスとなりました。

「サービス付き高齢者向け住宅」にデイサービスを併設することで、その住宅の入居者ばかりでなく、その地域の高齢者にもサービスを提供することができ、より多くの収入を得ることができます。

また、訪問介護事業所とデイサービスを併設するなど複合的な介護サービスを提供すれば、協業体制が組みやすく、人材の効率的な活用も可能になります。

２０００年に介護保険制度ができ、数多くの民間企業が介護業界に参入してきました。なぜなら介護保険というかたちで国が保険金を集めて、そのお金を介護業界に支払ってくれることが確実になったからです。

もし介護保険制度がなければ、どんなにニーズがあったとしても、高齢者が介護サービスを十分に利用してくれるかどうかわかりません。高齢者の可処分所得は限られていて、介護サービス以外の事業とも競合になるからです。

また、極端なことをいえば、金銭を管理する子ども世代が、親の介護にお金を出し渋ることも考えられます。

しかし、介護保険で集められた保険金は、介護業界以外で使われることがありません。保険の加入は義務で、40歳以上の国民のすべてが保険料を納めていますから、介護業界の市場は拡大しました。このようにして、日本では介護保険制度の成立とともに、介護ビジネスという一大産業が生まれたのです。

たとえば、有料老人ホームは、介護保険制度が始まった２０００年には全国に３５０施設しかありませんでしたが、10年後の２０１０年には４１４４施設と、約12倍に増えています。

④補助金があるから投資金額を減らすことができる

利回りは、年間収入を増やすだけでなく、投資金額を減らすことでも上げることができます。サービス付き高齢者向け住宅が注目される大きな理由の１つは、ここにあります。

現在、国はサービス付き高齢者向け住宅を増やすために、建設工事費用や改修工事費用に対して補助金を支給しています。この補助金を上手に利用することで、自分の支出する投資金額を減らすことができます。基礎知識編で詳細はご紹介しましたので、参照ください。制度については変更されることもあるので、実際に利用の際には、必ずその時点での正確な条件をご確認ください。

サービス付き高齢者向け住宅には、国からの補助金か、都道府県など地方自治体からの補助金のどちらかが支給されます。各自治体によって補助金の額が異なるので、つくるものによって個別に問い合わせ、条件のよい方を選んでください。

⑤税金の軽減があるので支出を減らすことができる

現在「サービス付き高齢者向け住宅」を建設した事業者は、所得税、法人税、固定資産税、不動産取得税などの税制で優遇措置を受けることができます。そのため、一般の不動産投資に比べて、投資金額を大幅に減らすことができるのです。

この優遇税制は、現在のところ平成25年3月31日までの特例措置とされています。その後は変更があるかもしれませんし、登録数も非常に急激な伸び率で増えていますので、実際に利用される場合は、必ずその時点での正確な条件をご確認ください。

ちなみに、これらの補助金の申請や税制の優遇を受けるには、当然ながら「サービス付き高齢者向け住宅」として登録して認可を受ける必要があります。ただ高齢者向けの住宅をつくればいいわけではないので、ご注意ください。

サービス付き高齢者向け住宅の供給促進のための支援措置

予算

高齢者等住居安定化推進事業:予算額325億円(うち特別枠300億円)

新たに創設される「サービス付き高齢者向け住宅」の供給促進のため、建設・改修費に対して、国が民間事業者・医療法人・社会福祉法人・NPOなどに直接補助を行う。

対象	登録されたサービス付き高齢者向け住宅等
補助額	建設費の1/10　改修費の1/3(国費上限100万円/戸)

税制

所得税・法人税に係る割増償却、固定資産税の減額、不動産所得税の軽減措置によるサービス付き高齢者向け住宅の供給促進

所得税·法人税	5年間 割増償却40%(耐用年数35年未満28%)
固定資産税	5年間 税額を2/3軽減
不動産取得税	(家屋)課税標準から1,200万円控除/戸
	(土地)家屋の床面積の2倍にあたる土地面積相当分の価格等を減額

融資

サービス付き高齢者向け住宅に対する住宅金融支援機構の賃貸住宅融資の実施と要件の緩和(=別担保の設定不要)

サービス付き高齢者向け住宅の家賃の前払金について、民間金融機関のリバースモーゲージ(死亡時一括償還型融資)を、住宅金融支援機構の住宅融資保険の対象に追加(住宅融資保険法の特例)

11 初期投資を抑えるリフォームは建て替えとコストの比較で決める

私のもとには、企業の社宅や旅館など、すでにある建築物をリフォームしてサービス付き高齢者向け住宅に変えられるか？ という質問も多く寄せられます。

それは可能か不可能かでいえば、可能です。

しかし、サービス付き高齢者向け住宅の場合、建物のハード面での登録基準がなかなか厳しいので、場合によっては新たに建て替えてしまったほうが、コストも安く、将来にわたって運営が楽になるということもあります。また、住宅型有料老人ホームにするという選択肢もあります。

サービス付き高齢者向け住宅の登録基準の概要は次のようになっています。

・原則として、1住戸あたりの床面積は25㎡以上とする。

ただし、居間、食堂、台所などの共用設備が十分な面積を有する場合は、18㎡以上とすることができる。その場合の十分な面積とは、全住戸の床面積を25㎡とした場合と、実際の住戸の床面積との差を上回ることをいう。

・原則として、各住戸に水洗便所、洗面設備、台所、収納設備、浴室を備える。ただし、共用部分に、共同して利用するための適切な台所、収納設備、浴室を備える場合は、各戸に台所、収納設備、浴室を備えなくともよい。

・建物内部がバリアフリーであること。

既存建物の改修の場合でも、段差なしの床、規定寸法以上の階段、便所、浴室、階段への手すりの設置などの条件を満たすこと。※ただし基準は都道府県（各地方自治体）により異なりますのでお問い合わせください。

サービス付き高齢者向け住宅として建設されたわけではない既存建築物の場合、たとえ部屋割りがされていたとしても、一般的にそれぞれの床面積は、ばらばらです。

もし18㎡未満の部屋があったとしたら、住戸としては利用できません。

あるいは、狭い建物を効率よく使用したい場合や、入居者の利便性のために動線などを考えるのであれば、建物内部の壁はいったん取り払って、新たに設計し直したいところです。

特に、階段やエレベーターなどが規定の寸法を満たしていない場合は、完全につくり直す必要があり、リフォーム費用が高額になりがちです。

また、各住戸への水洗便所と洗面設備の設置は必須ですから、配管なども新たにやり直す必要があります。

以上の条件を考慮すると、既存建築物がよほど高齢者向け住宅に適している場合を除けば、取り壊して建て替えるほうが賢明といえるかもしれません。その場合は登録の基準に添ったリフォームの見積もりを取り、新築と比較して検討することが必要です。

また、リフォーム時に併せて考えていただきたいことがあります。リフォームというものは、一からの設計に比べれば、どうしても構造に制約が出てしまうため、入居者やその内部でサービスを提供するスタッフにとって、使いにくいものになる可能性が高いのです。その設計の差が、投資額だけでなく入居率や人件費というランニングコストに跳ね返ってくることがあります。

なるべく少ない人数で効率的にオペレーションを回すためには、それを可能にする動線計画が必要となり、そのためには、建物の設計段階からの熟考が必要となります。ですからリフォームだけではどうしても限界があります。

介護の面から、理にかなった動線計画を設計に生かすことができれば、2人必要な介助作業も1人でこなせるなど、人件費を大きく削減することが可能になります。

サービス付き高齢者向け住宅というものは、土地の立地条件の影響が一般の賃貸物件よりは少ない代わりに、スタッフやサービスなどのソフト面、そして建物内部の構造設備が、非常に重視されるものです。

たとえば、私が以前、リフォームのプランニングをお手伝いしたある有料老人ホームは、もともと大きな公共施設などを手掛ける、著名な設計士さんの設計によるものでした。

しかし、介護という観点からは非常に使い勝手が悪く、浴室には介護用の特殊浴槽が1つ置いてあるのみで、手すりもありません。これでは要介護度の低い方でも、事故防止のために介護スタッフが付きっきりにならなければなりません。

また、各居室の扉の幅が狭すぎて、居室からそのままベッドを出すことができないため、寝たきりの方の入浴の際などは、スタッフが2人がかりでストレッチャーに移乗させなければならず、やはり介護スタッフの負担となっていました。

このように、設計には他の賃貸住宅とはまったく異なるノウハウが必要になるので、設計事務所や建設会社に任せきりにしては、決してよいものはできません。

プランニング

12 自立から要介護度の高い人まで、様々な高齢者に幅広く対応する

サービス付き高齢者向け住宅の良し悪しは、立地ではなくサービス面が重要であるということをご説明してきました。ここでは、プランニングの大きな要素となる提供サービスについて考えてみましょう。

「はじめに」でご説明したように、サービス付き高齢者向け住宅とは、制度面をそのまま解釈すれば、日中に1人管理担当者を常駐させ、緊急通報装置などを各戸に付けただけでも登録できるということになります。

昨年の制度開始以来、急増しているサービス付き高齢者向け住宅には、このような簡単なものが少なくありません。そしてそれらの多くは、入居者をあまり得られていないようです。そのため、サービス付き高齢者向け住宅そのものを否定する方々もいるようです。

しかし、それらが失敗した理由は、登録の最低条件をクリアするために緊急通報装置を付けただけのバリアフリー賃貸マンションでしかなかったからです。

もちろん、制度は制度ですから、基準をクリアしていれば登録でき、補助金も交付されるでしょう。しかし、実際に入居者の生活面を考えれば、それだけで入居者が集まるわけがありません。

実際に、ハウスメーカーなどに勧められて、サービス付き高齢者向け住宅を建てたはいいが、肝心な入居者が集まらなくて困っている地主さんがたくさんいるという噂も耳にします。

そもそも、サービス付き高齢者向け住宅は、1人での生活に不安を感じる高齢者が、自分の住む地域でこれまでと変わらない生活を営むためのものです。

そうすると、私がこれまで書いてきたように、掃除や着替えなどの日常のお世話や、要介護度が進めば食事の介助や排せつの介助、入浴の手助けなど、高齢者が必要とする多種多様なサービスを揃えていることが必要になるはずです。

そのためには、最低限、訪問介護事業所を建物内に設置し、そこから各戸にヘルパーが出向きお世話する。また、デイサービスなどを併設して、入居者や地域の住民に利用していただくといった介護サービスの提供が必要になってきます。

介護事業というとハードルが高く感じられるかもしれませんが、もしあなたがサービス付き高齢者向け住宅の開設を考えているのであれば、その成功のためには事業参入はどうしても必要な条件となってきます。

しかし、最近では介護事業を始める際に、コンサルティングを受けるとか、フランチャイズに加盟するといった方法もあり、初心者でも比較的容易に開業が可能な事業と考えることもできます。

私の経営するメディケア・ステーションでも、介護事業のフランチャイズやコンサルティングをお受けしています。なぜなら、もともと南部薬品グループは、先代までは医薬品の卸売りや小売りを中心にした事業を行っていました。時代の流れとともに既存事業が低迷していた時期、事業転換を図るために目を向けたのが介護事業です。私自身もケアマネジャーの資格を取得し、参入をしました。当時は介護保険制度の黎明期であり、私も初めての経験となる事業でしたので、失敗の連続で赤字続きでした。しかし、今ではその経験がノウハウとなり、現在のメディケア・ステーションの財産になっています。

私が長い年月をかけて培ってきたこのノウハウを、ぜひとも新規に介護事業を始められる方々に生かしていただき、成功を収める手助けができればという思いからこの会社を設立しました。

介護は決して楽な仕事ではありませんが、お客様の生活の質を高め、人生を豊かにさせていただいているという意味で、とてもやりがいのある仕事だと私自身感じています。ぜひ、皆さんにもこの気持ちを共有していただきたいと思っています。

私の経験からもその気持ちを忘れずに、しっかりと事業を運営していけば、必ずその見返りがあるということは自信を持ってお話しすることができます。

ところで、介護の現場を実際にご覧になったことのない方の中には、高齢者施設とは不潔で、認知症の方が延々とうわ言を呟くなど、非常に偏ったネガティブなイメージを持たれている方も多いかと思われます。

そのような方には、お近くのサービス付き高齢者向け住宅のご見学を一度なさることをお勧めします。よいサービス付き高齢者向け住宅というものは、明るく清潔で、自分も老後はここに入りたいと思えるようなものであることが、よくおわかりいただけると思います。

それではここで介護事業における収益の元となる介護保険について少し触れてみたいと思います。

まだ保険料を納めていない39歳以下の方はよくご存じないかもしれませんが、現在、日本の国民は40歳になると介護保険に加入することを義務付けられています。この保険料は健康保険と同じように所得に応じて課せられるもので、全国平均額でいうと毎月4000円程度、年間で5万円くらいになるかと思います（厚生労働省平成21年老健局保健課資料より）。

さて、介護保険は、保険と名前が付いているくらいですから、万一の事態に備えてお金を供出するものです。

たとえば健康保険とは、怪我や病気などで医療機関にかかったときに、その費用の7～9割が給付される保険（自己負担額は1～3割）です。

では介護保険はどのような事態に備えているのかといえば、介護が必要になった場合です。介護が必要になったときに、その介護を必要とする度合いに合わせた限度額まで、介護サービスを自己負担1割で受けることができるのが介護保険制度です。

介護保険制度ができる前は、介護サービスは自己負担で受けるものでした。というより、市場には介護サービスがほとんどなく、介護の負担は家族に任されていました。家族のいない方や家族で介護を見きれない方優先で、行政が福祉として、高齢者施設の説明でお話しした介護保険3施設に代表される、施設に入所させる措置を取っていました。

しかし、その数は圧倒的に少なく、特養と呼ばれる特別養護老人ホームなどは、現在42万人が待機しているといわれています。

そこで介護保険制度を作り、国民から保険料を徴収することで財源を確保するとともに、民間の介護事業を増やしていく施策がしかれました。こうして介護事業が注目されるようになり、数多くの介護サービスが生まれ、それを必要としている人に利用されるようになりました。

平成24年現在、介護保険を利用している人（要介護・要支援に認定された人）がどれくらいいるかといえば、約５４２万人になります。65歳以上の人口が約３０００万人ですから、保険の支払いを受けている人は18％にあたります。２割の人がサービスを受けられると考えれば、なかなか公平な保険だといえるでしょう。

では、介護保険の支給金額はどのように決まっているのでしょうか。

介護保険制度では、介護を必要とする人に対して、まず行政の審査委員会が、要介護度の認定を行います。認定調査によって介護が必要と判断された方は、その必要度によって要支援１から２の２段階、要介護１から５までの５段階の７段階に分けられます。

各段階で介護保険から毎月利用できる金額の上限が決められ、利用者はそのうち１割の額を自己負担します。その支給限度額は１０４ページの表のような目安になっています。

つまり、要介護2と判定された人は、毎月19万4800円までの介護サービスを、介護保険を使って利用することができます。なお、介護保険の利用は自己負担額が1割ですから、そのうち1万9480円は自費で支払います。

自己負担があるとはいえ、毎月20万円近くの金額を介護サービスに使えるのは、本当に介護の必要な利用者にとっては素晴らしいことです。

また、事業者の側もよいサービスを提供することによって、それだけのお金を支払っていただけるのですから、仕事にも力が入るというものです。

ちなみに実際には、要介護度の高い人の場合、介護保険分だけではサービスが不足するので、それを上回る介護サービスを利用することもあります。ただし、介護保険の上限を超えた金額については、全額が利用者の自己負担となります。

いずれにせよ、介護事業は正当な報酬を間違いなくいただける仕事です。ですから事業としても十分に発展の可能性があります。

また、サービス付き高齢者向け住宅においては、自分で運営しなくても、介護サービスができる建物をつくり、介護事業者などにテナント貸しすることで、サービス力を高めて収益を上げることができます。そうすることで、家賃収入の他にテナントの家賃収入も見込めるようになり、収益アップと入居率の向上の双方に寄与します。

要介護度別の支給限度額

要介護度	限度額（月額）
要支援1	49,700円
要支援2	104,000円
要介護1	165,800円
要介護2	194,800円
要介護3	267,500円
要介護4	306,000円
要介護5	358,300円

ハートケアメゾン みなみの風 庄司田 フロア図

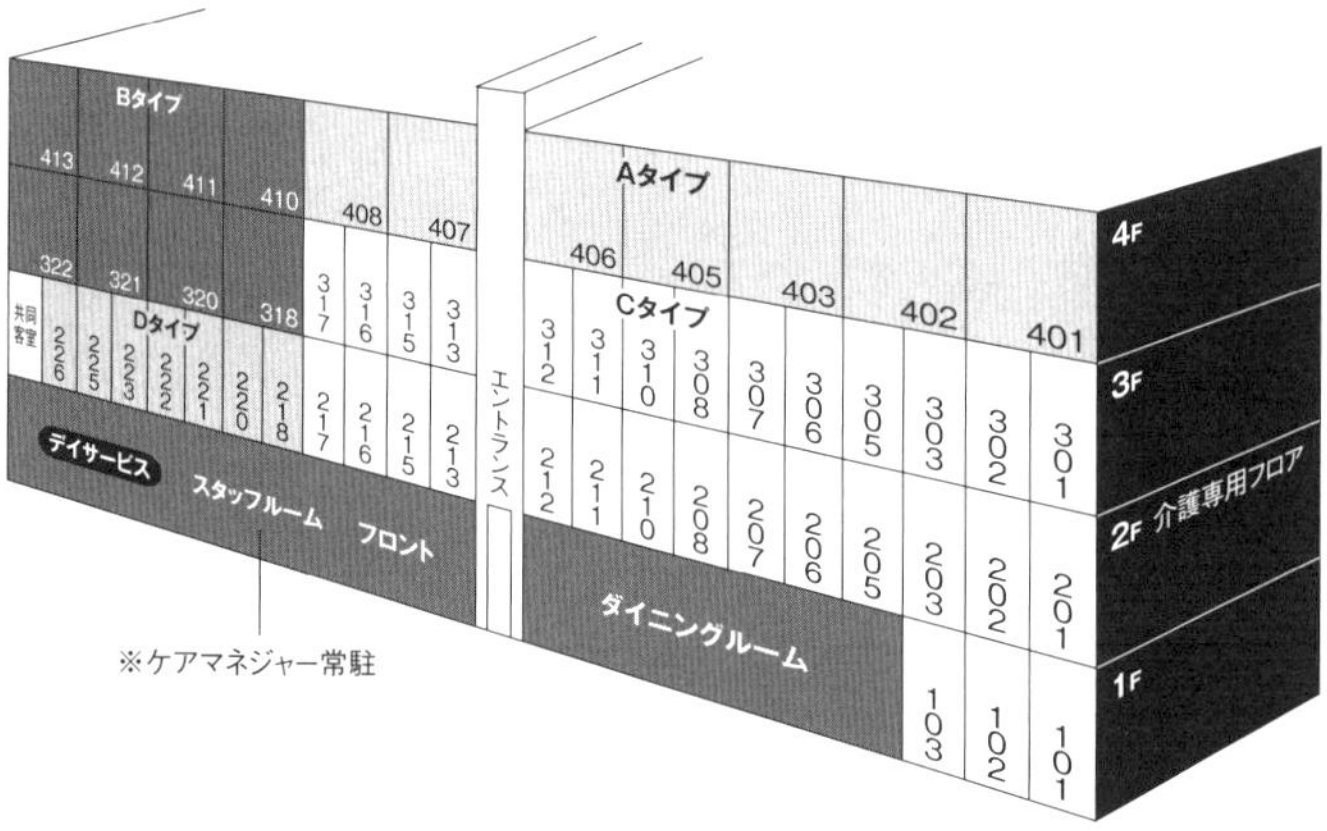

プランニング

13 狭小地の場合は、サ高住ではなくデイサービスを選択肢に加える

サービス付き高齢者向け住宅は、通常の住宅や事業ほど立地に交通の利便性を必要としません。なぜならば、入居者である高齢者はほとんどが引退しており、毎日会社に通勤することがなく、あまり頻繁に外出をしないからです。

ですから、生活に必要なサービスを提供することができれば、立地条件はさほど問題にはなりません。

ただし、土地が余りにも狭すぎる場合や建築基準で大きな建物が建てられない土地、または、土地があってもすでに住居が建てられている場合など、サービス付き高齢者向け住宅が向かない土地もあります。

私はサービス付き高齢者向け住宅を開業する場合、最低でも10戸以上なければ、採算を取るのがなかなか難しいと考えています。一番お勧めするのは50戸以上です。し

かし、この条件に満たない狭小地であっても、デイサービスであればその敷地の規模に合わせて、単独で建てて開業することは可能です。

ですから、大きな建物を建てられない場合には、デイサービスだけで収益をあげることも考えに入れてみるとよいでしょう。

では、デイサービスとは何かについて見てみましょう。

デイサービスとは、正式名称を通所介護といい、老人福祉法に基づく在宅サービスの1つになります。

住宅との違いは、基本的に日中利用者が通ってきてサービスを受ける形態です。デイサービスでは、入浴サービスや食事の提供、排せつのお世話、さらには機能的な訓練や栄養改善サービス、口腔機能向上サービスなどが行われています。また、レクリエーションなどによって心や身体のケアを行う場合もあります。

デイサービスは、高齢者が自宅に閉じこもることなく、社会に参加して、身体機能の回復や維持を促進することを目的としています。また、介護する家族の精神的・身体的負担を軽減するという目的も含まれています。

介護事業の分類（デイサービス）

介護事業における「通所介護施設の位置づけ」

			受入時間	利用者費用の目安	開設コスト	待機状況	開設要件など
入所介護型		**特別養護老人ホーム（介護老人福祉施設）** 施設に入所して、必要な生活上の支援を受ける	一日中	8～13万円／月	高（10億円～）	多い	社会福祉法人のみ設立可能 ※株式会社は不可
入所介護型		**老健（介護老人保健施設）** 施設に入所して、必要な生活上の支援を受ける（期間の定めあり）	一日中	9～15万円／月	高（10億円～）	多い	社会福祉法人および医療法人が設立可能 ※株式会社は不可
入所介護型		**グループホーム（認知症対応型共同生活介護）** 共同生活の住居に入居する認知症の利用者に対し、入浴・排泄・食事等の介護、その他の日常生活の世話及び機能訓練を行う	一日中	9～15万円／月	中（1～5億円）	多い	公募型（行政の計画がないと、開設できない）
在宅介護型	訪問	**訪問介護** 自宅に訪問介護員（ヘルパー）が訪問し、必要な生活介助（食事・入浴・排泄など）を行う	2～3時間	4,515円～／月（但し要介護度2、週3回の場合）	開設コスト低 人的コスト高	—	—
在宅介護型	通所	**小規模多機能型居住介護** 利用者の状況や環境に応じて居宅、あるいは住居からサービス拠点に通所あるいは短期間宿泊入浴・排泄・食事などの介護その他日常生活上の世話および機能訓練を行う	一日中の場合もあり（宿泊受入時）	5,000円～3万円／月＋実費（宿泊費、食費、おむつ代など）	中（1～5億円）	普通	公募型（行政の計画がないと、開設できない）
在宅介護型	通所	**ショートステイ（短期入所生活介護）** 特別養護老人ホームや老人保健施設に短期間入所してもらい、入浴・食事などの身体介護や日常生活の世話、機能訓練を行う。家族の介護負担を軽くする効果もある	一日中	1日1,000円前後＋自己負担（日常生活費）	中（1～5億円）	多い	単独では成り立ちにくく、特養併設型が多い →実際には社会福祉法人のみ設立が可能
在宅介護型	通所	**デイサービス（通所介護事業所）** デイサービスセンターに通ってもらい、入浴・食事・排泄などの世話や機能訓練、栄養改善サービス、口腔機能向上サービスを行う。家族の介護負担を軽くする効果もある	午前中～夕方が一般的	1日1,000円前後＋自己負担（日常生活費）	低	普通	株式会社が参入可能。 民間住宅の改修によりコスト減が可能

デイサービスは、月間の延べ利用者数により、次ページの表のように4つに分けられます。それぞれの区分により、介護保険料や人員の配置基準が異なります。

私がお勧めする狭小地でのデイサービスは主に、小規模通所介護（小規模デイサービス）です。

小規模デイサービスでは、通常9時〜17時までサービスを提供します。その間のサービスの対価は介護保険から支払われます。

また、宿泊のできる部屋を用意することで、時間外に延長サービスとして、利用していただくこともできます。その場合は利用者の自己負担になります。

小規模デイサービスであれば、設備基準さえクリアすれば通常の1軒家でも運営することが可能ですので、低投資で狭小地でも始められる介護事業となり得ます。

それでも、建物を新築すると初期費用がかかってしまうので、予算的に厳しいと思われる方であれば、既存の一般住宅を改修して利用するという方法もあります。親から相続した一般住宅などの活用をお考えの方には、非常に有効な手段だと思います。

私の経営するメディケア・ステーションでは、平成24年度からこういった既存住宅

通所介護の算定区分（6ヶ月未満の事業所）

利用定員の90%に、予定される1月当たりの営業日数を乗じて得た数で算定する。

運営規程に掲げる定員×90%×当該年度の月の平均営業日数

10人 × 90% × 30日 ＝ 270

≦300人:小規模
＞300人:通常規模
＞750人:大規模（I）
＞900人:大規模（II）

注1）3時間以上4時間未満の報酬を算定している利用者（2時間以上3時間未満の報酬を算定している利用者を含む）は、利用者数に2分の1を乗じて得た数とし、4時間以上6時間未満の報酬を算定している利用者は利用者数に4分の3を乗じて得た数とする。注2） 毎日事業を実施している事業所（正月等の特別な期間を除く）については、一週当たりの利用延人員数に7分の6を乗じた数を合算したものにより、月当たりの平均利用者数を計算する。注3）同一事業所で2単位以上の通所介護を提供する場合、規模別報酬に関する利用者の計算はすべての単位を合算で行う。注4）新規に要介護認定を申請中の者が暫定ケアプランによりサービス提供を受けている場合は、平均延利用人数の計算にあたって含めない。注5）介護予防通所介護事業所の指定を受け、一体的に事業を実施している場合は、介護予防通所介護事業所の利用者も含むこと。その際、介護予防通所介護の利用時間が4時間未満の利用者については、利用者数に2分の1を乗じて得た数とし、利用時間が4時間以上6時間未満の利用者については、利用者数に4分の3を乗じて得た数とする。ただし、同時にサービスの提供を受けた者の最大数を営業日ごとに加えていく方法によって差し支えない。

		5～7時間未満	7～9時間未満	6～8時間未満
イ 小規模型通所介護費 平均利用の延べ人員 300人以内／月	要介護1	700単位	809単位	(790)
	要介護2	825単位	951単位	(922)
	要介護3	950単位	1100単位	(1055)
	要介護4	1074単位	1248単位	(1187)
	要介護5	1199単位	1395単位	(1320)
ロ 通常規模型通所介護費 平均利用の延べ人員 301～750人／月	要介護1	602単位	690単位	(677)
	要介護2	708単位	811単位	(789)
	要介護3	814単位	937単位	(901)
	要介護4	920単位	1068単位	(1013)
	要介護5	1026単位	1188単位	(1125)
ハ 大規模型通所介護費（I） 平均利用の延べ人員 751～900人／月	要介護1	592単位	678単位	(665)
	要介護2	696単位	797単位	(776)
	要介護3	800単位	921単位	(886)
	要介護4	904単位	1045単位	(996)
	要介護5	1009単位	1168単位	(1106)
ニ 大規模型通所介護費（II） 平均利用の延べ人員 900人超／月	要介護1	576単位	660単位	(648)
	要介護2	678単位	776単位	(755)
	要介護3	779単位	897単位	(862)
	要介護4	880単位	1017単位	(969)
	要介護5	982単位	1137単位	(1077)

※また、12時間までの延長加算を認め、長時間のサービス提供をより評価する。

を利用したデイサービスについてのフランチャイズ事業も手掛けています。

http://www.medicarestation.com/

狭小地や容積率の問題でサービス付き高齢者向け住宅を建設しても、十分な戸数を確保できない場合や、親から相続した一般住宅などの活用をお考えの方には、非常に有効な手段だと思います。

小規模デイサービスの場合、定員10名規模で考えると、要介護度1の方で1日8258円、要介護度5の方で1日1万4312円の介護報酬が収益となりますので、ならして月に1000万円を超える収益を目指すことも可能です。

デイサービス利用者の方は、1割のみが自己負担ですので、1日800円〜1500円とリーズナブルにデイサービスを利用していただくことができます。

私は介護保険制度導入時から介護事業に携わってきました。

それは、祖父の代から医療業界に従事し、地域社会とともに会社も歴史を重ねていく中で、今、私の代になすべき使命は、少子高齢化が進む日本において、誰もが暮らしやすい社会をつくっていくことだと感じているからです。

デイサービス 365日24時間の仕組み

~6:00
8:00
お迎え
9:00
17:00
お見送り
21:00~

お泊まりサービス

お泊まりサービスからデイサービスへ連続してご利用できます。介護保険適用分と自費負担分の効率よい使い方ができます。お泊まりサービスは、原則として連日デイサービスをご利用なさる方へのオプションサービスですので。夜間だけのご利用はできません。

デイサービス（介護保険適用時間帯）

介護保険適用営業時間

9:00~17:00

※介護保険適用利用者は1割負担。9割は介護保険で支払われる。
※介護保険が適用できない場合、自費利用になります。この時間帯の自費利用額：@3,800
※別途昼食代：@200

お泊まりサービス

お泊まりサービス

※自費利用　@800
夕食／@400
朝食／@400

時間延長対応

※お好きな時間に受けられるサービスやレクリエーション、機能回復訓練、生活介助。

高齢者介護事業は非常に社会的な意義があります。自ら実践するのみならず、私たちが長年かけて築き上げてきた、医療機関とのネットワークや在宅関連サービスのノウハウを皆さんに活用していただくことで、よりよい社会づくりの手助けができればと考えています。

私たちのこれまでのネットワークを生かしながら、フランチャイズのデイサービスを地域に集中して増やすことにより、近隣地域への周知促進や、連携による運営の安定化を早期に実現させています。

次ページに一般住宅を改装したデイサービスのレイアウトイメージや人員配置を掲載いたしましたのでご参考にしてください。

和ごころ 事業所物件の要件（標準）

通所介護事業所に必要なスペースとレイアウト

機能訓練室・**食堂**：一般的な家庭では、リビングダイニングに相当するスペース。隣り合わせた見通しの利く複数の部屋で、要介護者が利用するスペース。

静養室：入所中、一時的に静養が必要になった方が休めるための、他の入居者に邪魔されない寝具、又はベッド一人分が収容できる程のスペース。

相談室：入所者及びご家族などとご相談をさせていただく、独立した専用のスペース（部屋）。

厨房（台所）：事務所内で、入所者の食事を職員が中心となり、入所者の方とご一緒につくります。したがって調理中でも見守りができる造作が好ましい。

洗面所・**トイレ**・**脱衣室**・**浴室**：ご自分でできる方以外は、職員の介助がともないます。そのために必要な広さと、状況によって手すりなどの設置が必要になります。

事務室：入所者の個人情報を含む書類を管理する必要があるため、鍵付きの書庫が必要です。

駐車場：入所者の送迎に使用する車両の管理が必要です。

※和ごころでは、生活リハビリを中心とするため、バリアフリーである必要はありませんが、物件の状況により造作（スロープの設置など）が必要になる場合があります。

※戸建民家を活用するのですが、建築基準法に照らし合わせて対応する必要があります（市町村によって異なります）。

※介護施設では、消防基準法の制約があり、施設の構造、提供するサービスの内容によって、防災上の観点から設置しなければならない設備などが決められております（市町村によって異なります）。

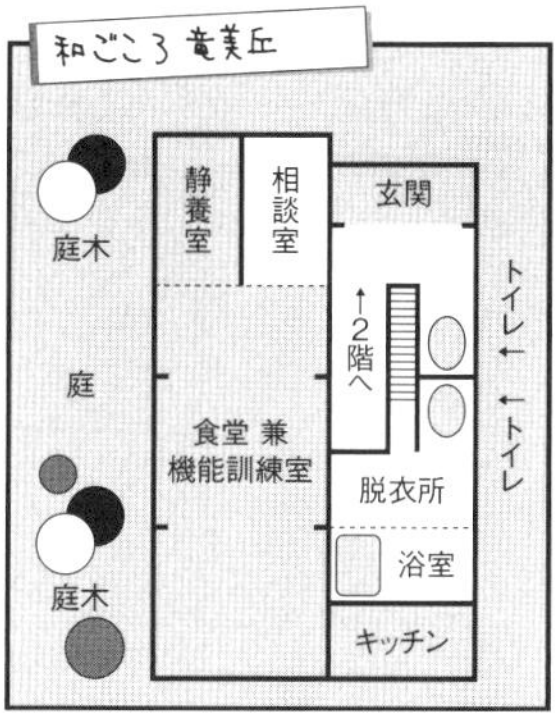

※間取りはデイサービス和ごころ竜美丘

プランニング

14 入札システムで初期投資の建設費を3分の2にする

繰り返しになりますが、不動産投資の利回りは、「年間収入」と「投資金額」で決まります。

つまり年間収入を上げることと投資金額を減らすことが、収益性を高めるための要点になります。

土地をすでに持っている場合、この投資金額において最もウェイトが高いのが、建物の建設費です。つまり建設コストをできるだけ減らすことで、投資利回りを高めることができます。

しかし、一般に建設コストというものは、純粋な建設工事費だけでなくそれに伴う様々な費用を含んでいます。はっきりいえば、建設業界というものは、工事の原価がまちまちで、会社によって価格が大幅に異なることが多いのです。

また、一般にサービス付き高齢者向け住宅の建設には、コストがかかります。なぜなら、バリアフリー構造やストレッチャーも入るエレベーターの設置、介助使用の浴室やトイレなど、通常のマンション建設よりも特殊な設備が必要だからです。

そのため、1戸あたりの建設費が1000万円程度になるのが一般的です。（国交省指針補助金より類推）これは、同クラスの通常の賃貸マンションの建設コストと比べるとおよそ2～2・5倍になります。

このようにサービス付き高齢者向け住宅の建設費は高額になりがちですので、建設費を抑える工夫が必要です。

私も自社でサービス付き高齢者向け住宅を建てる際、1棟目は外部の設計事務所にお願いし、建設会社3社による相見積りを取り建設費を抑えようとしましたが、どうしてもコスト高になってしまい、坪単価74万円の建設費がかかってしまいました。

そこで、この坪単価をいかに抑えるかが、2棟目のサービス付き高齢者向け住宅の建設の際に課された課題となっていました。

その課題をクリアすべく、2棟目の「ハートケアアメゾン　みなみの風　庄司田」を建設する際には、（外部の）設計士を中心に社内でもプロジェクトを立ち上げ、工事に見合った建設会社を調査して、参加会社を募ることから最終の入札実施までを管理するような体制を整えて、入札に臨みました。

建設会社というものは、公共事業などの入札に参加するためには、経営事項審査の評点をある程度良好に保つことが要求されます。そのため、民間企業の入札においても、しばしば利益よりも売り上げを重視する、つまり、赤字覚悟で落札しようとする場合があります。また、受注した案件の近接した場所に同会社の別の現場があり、資材や人工の共有などで経費削減ができれば、見積金額を下げてくることもあります。

このような会社が入札に参加していれば、通常では考えられないほどの安値で落札される可能性もあるのです。

建設コストを下げることができれば、当然銀行などからの借り入れも少なくて済みます。これによりキャッシュの社外流出である金利負担を押さえることができます。

返済が少なくて済めば、収益部分である家賃の設定もできるだけ低く設定することも可能となり、入居者に対してのアピールになるとともに、同業者との競争への対抗手段となります。

この結果、2棟目の契約時点における見積金額よりも、約33％のコストダウン（坪単価約50万円）を図ることができました。

ただし、ここで注意したいのは、安かろう悪かろうでは、入居者のためにならないということです。建設費は安くても、内部の設備や構造に妥協は許されません。

リーズナブルな価格で建設することができた2棟目の「ハートケアメゾン　みなみの風　庄司田」は鉄筋コンクリート造で、フロアによっては、バリアフリーのベランダ付き、床暖房付きといった充分に品質の高い仕様を保った建物になっております。

そして、現在建設中の弊社3棟目となるサービス付き高齢者向け住宅「ハートケアメゾン　みなみの風　竜美丘」（平成24年11月にサービス付き高齢者向け住宅として登録済）では、自社でも一級建築士事務所を構え、始めから最後まで自前でこの入札を管理して実施するまでに至りました。

この入札管理のシステムは、グループ会社であるメディケア・ステーションにおいて、一般の方にも提供できる体制を整えています。

プランニング

15

建物プランと付加サービスで入居者満足度を高めて差別化する

これまで、サービス付き高齢者向け住宅の成否はサービスで決まるということをお話ししてきました。成功の秘訣12でご説明したように、基本は様々な状態の方に応えられる、介護、医療のサービスを揃えることが、息の長いサービス付き高齢者向け住宅経営のコツです。

それは基本であり必須事項でありますが、今後さらに考えていただきたいことは、入居者の暮らしの質を高めるためのサービスの提供です。

サービス付き高齢者向け住宅は〝施設〟ではありません。入居者の方々は自分の住まいを賃借し、そこに付加されているサービスを選んで使うのです。

まだ始まったばかりの制度ですので、皆さん、基本的なサービスばかりに目が行き、生活の質という部分が見落とされがちですが、今後サービス付き高齢者向け住宅や有料老人ホームが増えていく中で、あなたが経営する住宅が「選ばれる」ためには、その他の生活支援などのサービスや建物のアメニティが、どれほど充実しているかという部分が重要となってきます。

私が1棟目に建設したサービス付き高齢者向け住宅は6階建て46戸で居室タイプも要介護度の高い方用のワンルームと、ご夫婦など2人で暮らせるデラックスタイプの、2タイプを揃えました。

驚いたことに開業前から、家賃の高いデラックスタイプから順に、どんどん契約が決まりました。これは後から気付いたことですが、先に私がご説明したように、地域的な事情からお子さんが、親御さんが元気なうちに呼び寄せるといったニーズもあったためだと思われます。

また、自分がもし入居するならと考えて、パブリックスペースにも快適性を追求しました。廊下にはBGMが流れ、ホテルのような優雅な雰囲気を演出し、屋上には、家庭菜園を楽しんでいただくコーナーや足湯コーナーなども設置しました。

中でも足湯は非常に好評で、市内を見渡せる見晴らしのいい屋上で、皆さんが日常のスケジュールの中に組み入れて足湯を楽しんでいらっしゃいます。

この屋上では、朝のラジオ体操を日課にする方や、手すり付きのウォーキングコースで体力維持のために毎日歩いたりされる方もいるそうです。

パブリックスペースの重要さを、この1棟目で教えていただきました。

これを参考に2棟目では、食堂にはサンデッキを設け、気候のよいときは屋外で食事をとっていただける工夫を凝らし、お孫さんのお誕生日など特別な日には、事前に予約して使用できる個室の食事ルームなども設置しました。

こうした建物や設備でできるサービスの向上の他にも様々な付加サービスが考えられます。

私の運営する2棟では、双方ともに地元で人気の焼きたてパンのパン屋さんに、週に1回、玄関前に来ていただき移動販売をしてくださるようお願いしています。高齢者といっても、朝食にパンを召し上がる方も多いため、皆さん楽しみにしていらっしゃいます。

近隣のクリニックへの送迎サービスは要望に合わせてその都度行い、ショッピングモールへのお買い物ツアーも週に1度は行っています。

その他にも、季節に合わせて近隣の観光スポットへのお出かけイベントやカラオケ大会、映画鑑賞会などのレクリエーションも人気です。

これらのサービスは、スタッフのアイデアや入居者の方々のご意見などを反映して徐々に増やしてきたものです。

もちろんこのようなサービスもただのボランティアでなく、サービスによっては有償でご提供しているものもあります。

今後のサービス付き高齢者向け住宅経営では、こうした付加サービスの充実が成否を分けるポイントにもなってきます。

あなたの考えるサービス付き高齢者向け住宅にはどんな方々が入居し、その方々にはどんなサービスが必要なのか、コンセプトをしっかり描き、プランニングしてみましょう。

ハートケアメゾン みなみの風 庄司田 間取り例

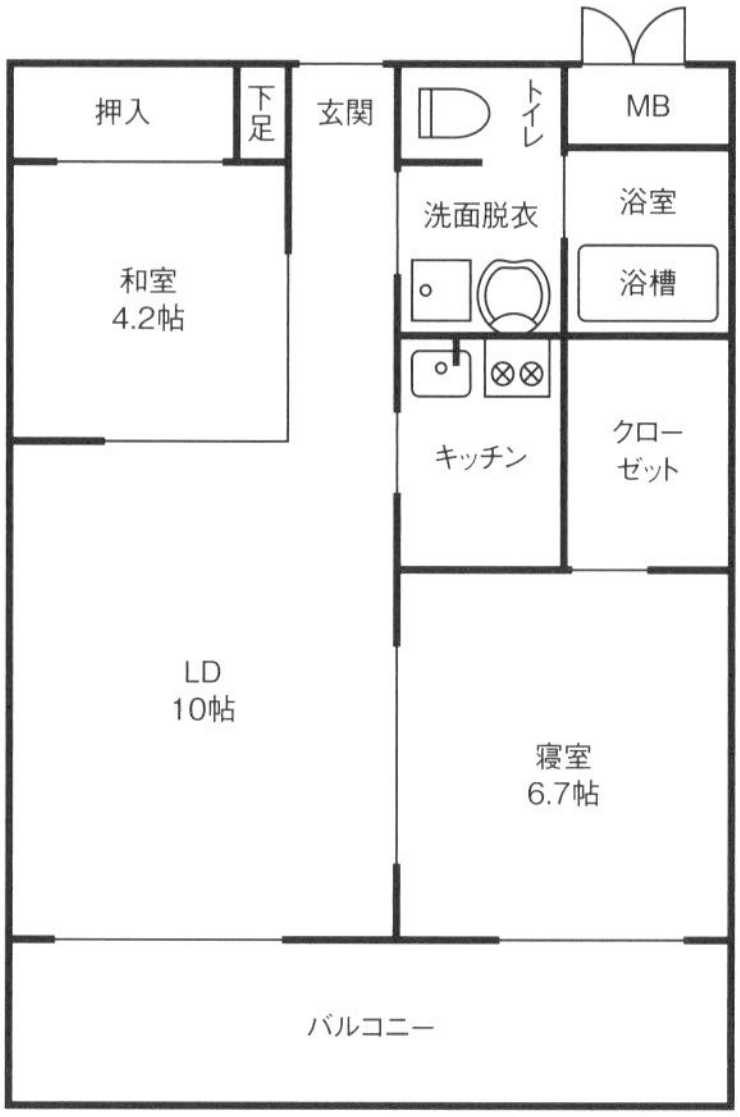

〈Aタイプ〉2LDK 53.33㎡

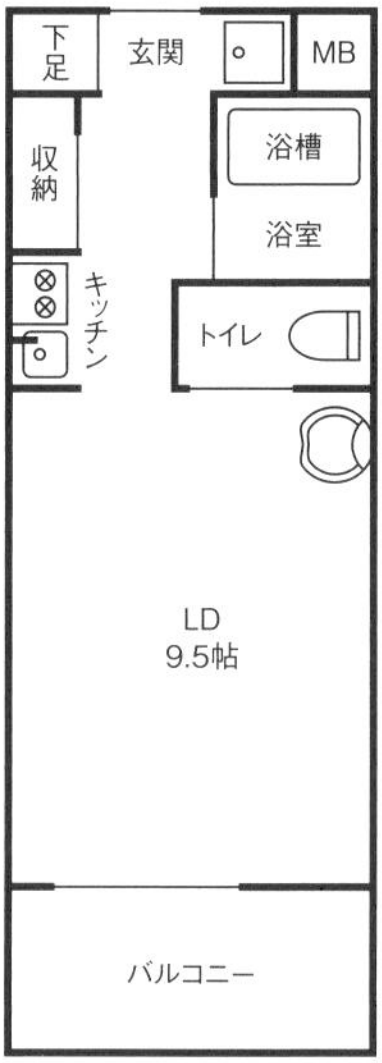

〈Cタイプ〉1K 26.78㎡

プランニング

16 設計は運営時の人件費にも影響するため慎重に

サービス付き高齢者向け住宅を経営する際、設計の段階でどれくらいの居室数が確保できるのか、併設のデイサービスやクリニックの規模がどれくらいかにより、収益はある程度見込めます。最近ではサービス付き高齢者向け住宅のコンサルタントと名乗る設計事務所などが手掛けていることが多いようですが、設計する際には登録審査に通ることだけでなく、運営のしやすさ＝開業してからのランニングコストの面にも注意して設計しなければなりません。

私はサービス付き高齢者向け住宅の1棟目を設計する際に、一度上がった図面を社内の介護スタッフに見せていろいろな指摘をしてもらいました。すると様々な改善点が出てきました。

たとえば、介助のために広く取ったトイレスペースについてはこんな意見が出ました。

「壁までの距離がありすぎ。これでは入居者を立たせた後、スタッフが両手で支えなければ転倒の危険がある。もっと狭ければ壁にもたれさせ、片手で介助しながら他の作業ができる」。車椅子の移動がしやすいよう配慮したその視点が、プロから見ると違うわけです。そこで、私が新設した設計事務所では一級設計士が設計した後、介護スタッフに意見を聞き、手直しをするという手順を必ず踏むことにしています。

ここで、介護スタッフの意見を反映してどのようにプランを考えていくか、わかりやすい例でシミュレーションしてみます。これは変形地でのプランニング例です。

まず、次のページに掲載したものが当初のプランです。2階建て1室18㎡が13室でなるべくコンパクトにまとめるため凹凸を極力なくしたプランにしました。

また、入居者の利便性を考えて2階にはご家族などが宿泊することができるゲストルームも提案しました。

このプランに添って建設費を試算するとともに、介護スタッフの意見を聞きました。試算からは収益面で居室を増やす必要があることが判明し、13室を15室に増やすことになりました。

プラン図面 Before

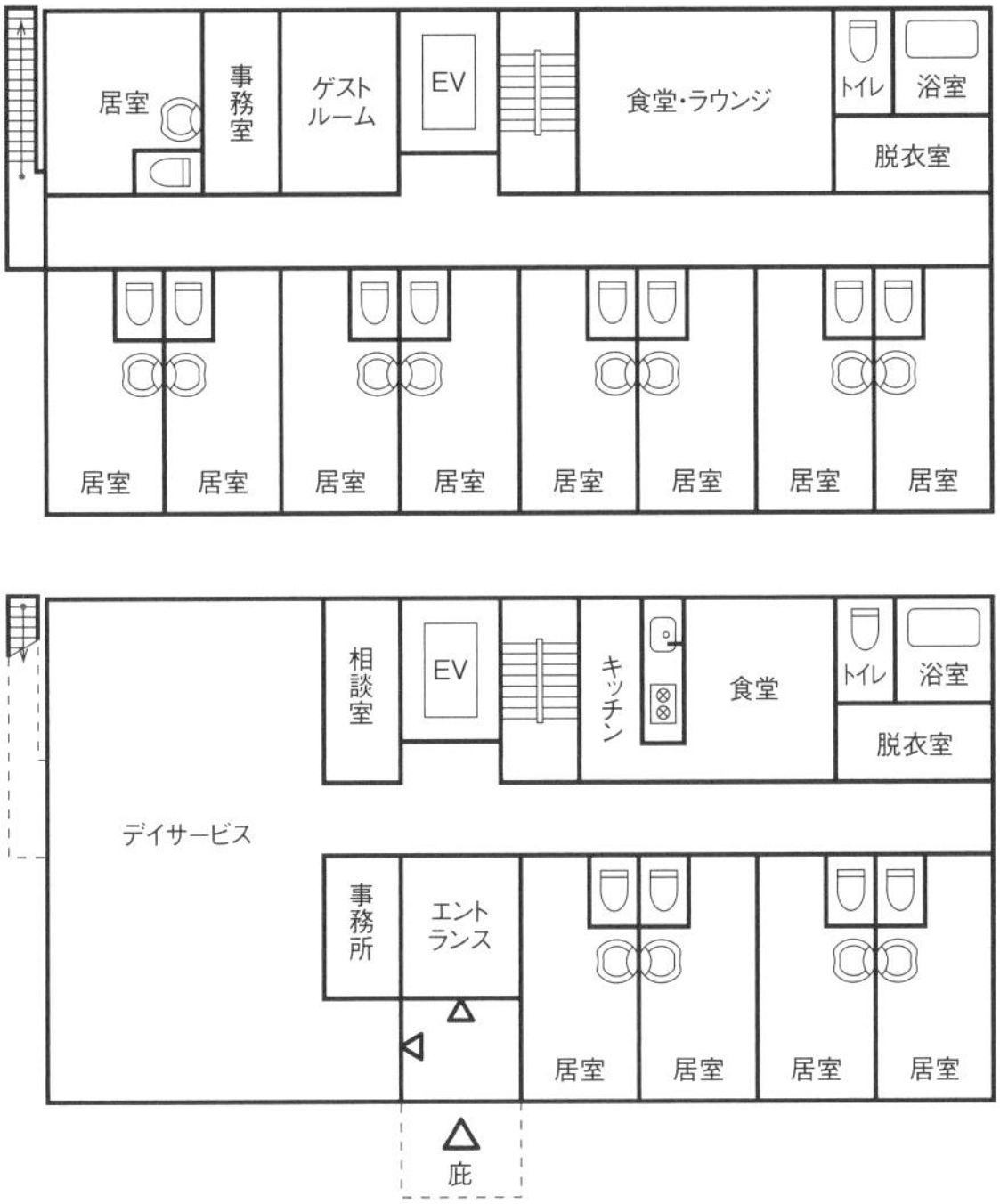

- ●居室:13室（18㎡／室）
- ●1階、2階に浴室（水廻りを重ねた）
- ●2階にゲストルームとスタッフ事務室

※この図は参考図であり、地域によっては登録に際しての設備基準が異なる場合があります。

次ページの図が、弊社の介護スタッフの意見を参考に設計を変更したプランです。まず、ゲストルームはやめて、その代わり食堂を1階に集約しラウンジを別に設けることで、落ち着いて面談できる空間を確保しました。デイサービス部分は前に張り出すことで、事務所や食堂の広さを確保するとともに、外観上のアクセントをつくりデザイン性を高めました。また、デイサービスが住宅部分からも管理しやすく配置。デイサービスの事務室と住宅の受付を兼用できるコーナーも設置しました。食堂は1階、居室数の多い2階に浴室をまとめ、脱衣室も共用することで、作業動線の整理とスペース効率を上げることもできました。廊下幅を全体に広げ、有料老人ホームとしても登録できるよう配慮しました。

設計はコスト面だけでなく、スタッフの働きやすさの面でも、非常に重要なポイントです。

ですからプランニングの際には、介護の現場を熟知している方にアドバイスしていただくことをお勧めします。もちろん私の経営する一級建築士事務所でも皆さんのお手伝いをさせていただいています。

プラン図面 After

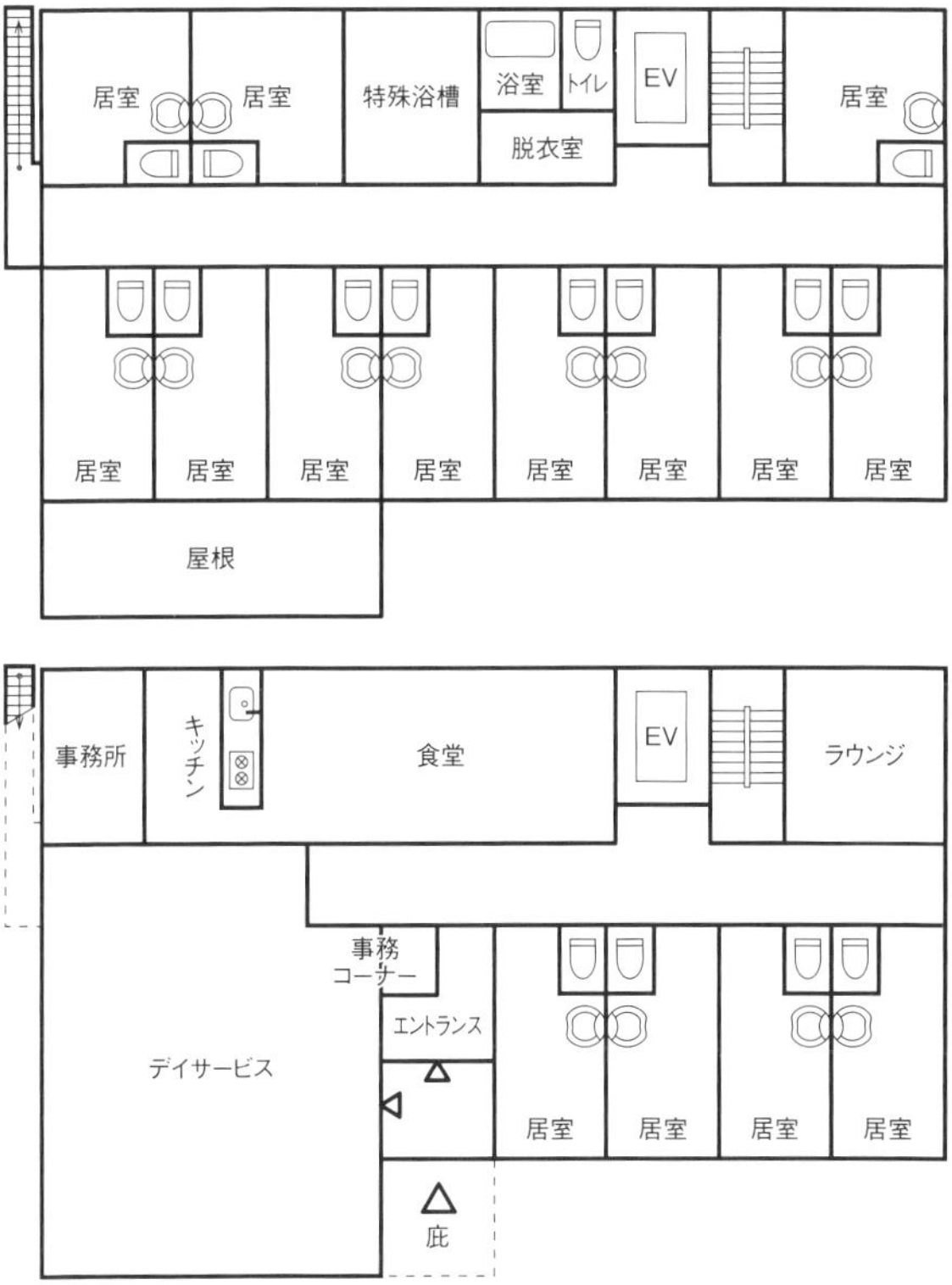

●居室:15室(18㎡/室) ●食堂を1階に集約。落ち着いたラウンジ空間を設置。
●浴室を2階に集約し、1つを特殊浴槽に。●ゲストルームなどを居室にして2室増。
●デイサービス部分を張り出させ、外観にアクセントを持たせたデザインに。
●廊下幅を広げ、有料老人ホームとしての登録も可能に。
●受付とデイ事務所スペース兼用のコーナーを設置。
●事務所をデイとサ高住の両方共に管理しやすく配置。

※この図は参考図であり、地域によっては登録に際しての設備基準が異なる場合があります。

プランニング

17 デイサービス併設は入居者獲得に効果大

サービス付き高齢者向け住宅に併設すると効果が高い施設として、デイサービスが挙げられます。

敷地面積や容積率に余裕がある場合は、ぜひ併設をご検討ください。

デイサービスを併設する一番の理由は、入居者に介護サービスを提供するためだと考えられがちですが、それは本来の目的ではありません。入居者の介護は訪問介護事業所に所属するヘルパーが各居室に訪問して提供します。

デイサービスは、何よりもまず、サービス付き高齢者向け住宅が建つ周辺地域の高齢者の方々に、利用していただくためのものです。そうすることでサービス付き高齢者向け住宅の家賃、そして入居者に提供する生活支援サービスの収益、介護サービスの収益に加え、デイサービス利用の収益が見込めます。

サブリースやテナント方式で運営する場合でも同じように、デイサービスの家賃収入が見込めます。

収益面で期待できるデイサービスの併設は、収益以外にも期待できることがあります。それは、入居促進に効果があるということです。

サービス付き高齢者向け住宅が建てば、それだけでも地域の住民の方々の注目が集まります。さらに興味を持っていただくためには、実際に居室やパブリックスペースを見ていただくことが効果的ですが、気軽に訪れるということに抵抗を覚える方も多いでしょう。

しかし、デイサービスが併設されていれば、それを利用していただきながら、建物の中までご覧いただくことができます。

デイサービスが併設されることで、サービス付き高齢者向け住宅がより地域の方々に対して開放的な建物となり、見学のきっかけづくりにも結び付きます。

また、デイサービスに通っていただく間に、住宅部門のスタッフと触れ合うことで住んでいる気分も体感していただくなど、サービス付き高齢者向け住宅に自然と親しんでいただけるようになれば、入居を検討していただくようにもなるでしょう。

つまり、サービス付き高齢者向け住宅にデイサービスを併設して、その周辺地域の高齢者へのサービス提供を行うことは、より多くの利用者・来訪者を集めることは元より、その中から入居していただける方も出てくるということになります。

さらに、住宅部分に空室がある場合、デイサービス利用者に対して、通常のデイサービス終了後にその空室を利用して宿泊サービス（自費サービス）を提供すれば、空室率を緩和させることにもつながります。

以上の理由から、事業の発展性を高めるためにもデイサービスの併設はご検討いただくことをお勧めします。

サービスは
どうやって提供するの?

提供するサービス内容で運営収益は大きく異なる

サービス

18

最低1人の管理者がいれば運営できる

ここまでのお話の中で、サービス付き高齢者向け住宅には様々なサービスを揃えるべきだとお話ししてきました。しかし、もしあなたが最小規模で始めるのであれば、有資格者を管理者として1人雇用するだけでも始められます。

サービス付き高齢者向け住宅の登録基準を満たすためには、最低でも安否確認と生活相談サービスが必要です。安否確認については、専用の緊急通報装置（157ページで詳細にご説明いたします）を居室に設置することで解決できますので、後は生活相談員を1人管理者として配置します。

生活相談員はヘルパー2級以上の有資格者でなければなりませんが、ホームヘルパー2級資格はこれまで、取得が容易なこともあり、家族や社員などに取得してもらうことも可能です。建物が完成するまでに、あなた自身が資格を取得し管理者になれば、人を雇用しなくても開業できます。

そのほかの介護サービスや食事提供サービスについては、外部の事業者と提携して提供することで対応可能です。特に食事提供サービスについては、現在様々な事業者があるので容易に探すことができるでしょう。しかし食事は入居者満足につながる重要な部分ですので充分吟味し、経験者に相談するなどしましょう。訪問介護・看護などに関しても、事業者は増えており、まとまってサービスを効率よく提供できるサービス付き高齢者向け住宅と提携したいという業者がたくさんありますので心配はいりません。

ただし、これまでもお話ししたように、入居者の満足度がサービス付き高齢者向け住宅の評価につながりますので、実際に介護が必要な方が不自由するサービス付き高齢者向け住宅は失敗につながります。開設当初は無理だとしても、運営していく中で徐々にサービスの提供を増やしていくことをお勧めします。

サービス

19

自分で経営することで最大、家賃収入の3倍の売上を目指す

サービス付き高齢者向け住宅を検討される方は、遊休地活用の手段として、また相続対策として、オーナーとして管理をすべて業者に任せて、不労所得を得ることを期待される方が多いようです。

しかし、これまでお話ししてきたように、サービス付き高齢者向け住宅の本当の醍醐味は、すべて自分で運営するところにあります。

なぜならば、サービス付き高齢者向け住宅の場合、家賃収入以外のサービス部分の収益が見込めるからです。それは、提供するサービスを利用するのは、要介護認定された入居者の方ばかりではないからです。たとえば、自立されている高齢者が入居したとしても、魅力ある生活サービスは利用される可能性が高く、家賃外の収益を生むことができます。

サービス付き高齢者向け住宅事業の費用モデル

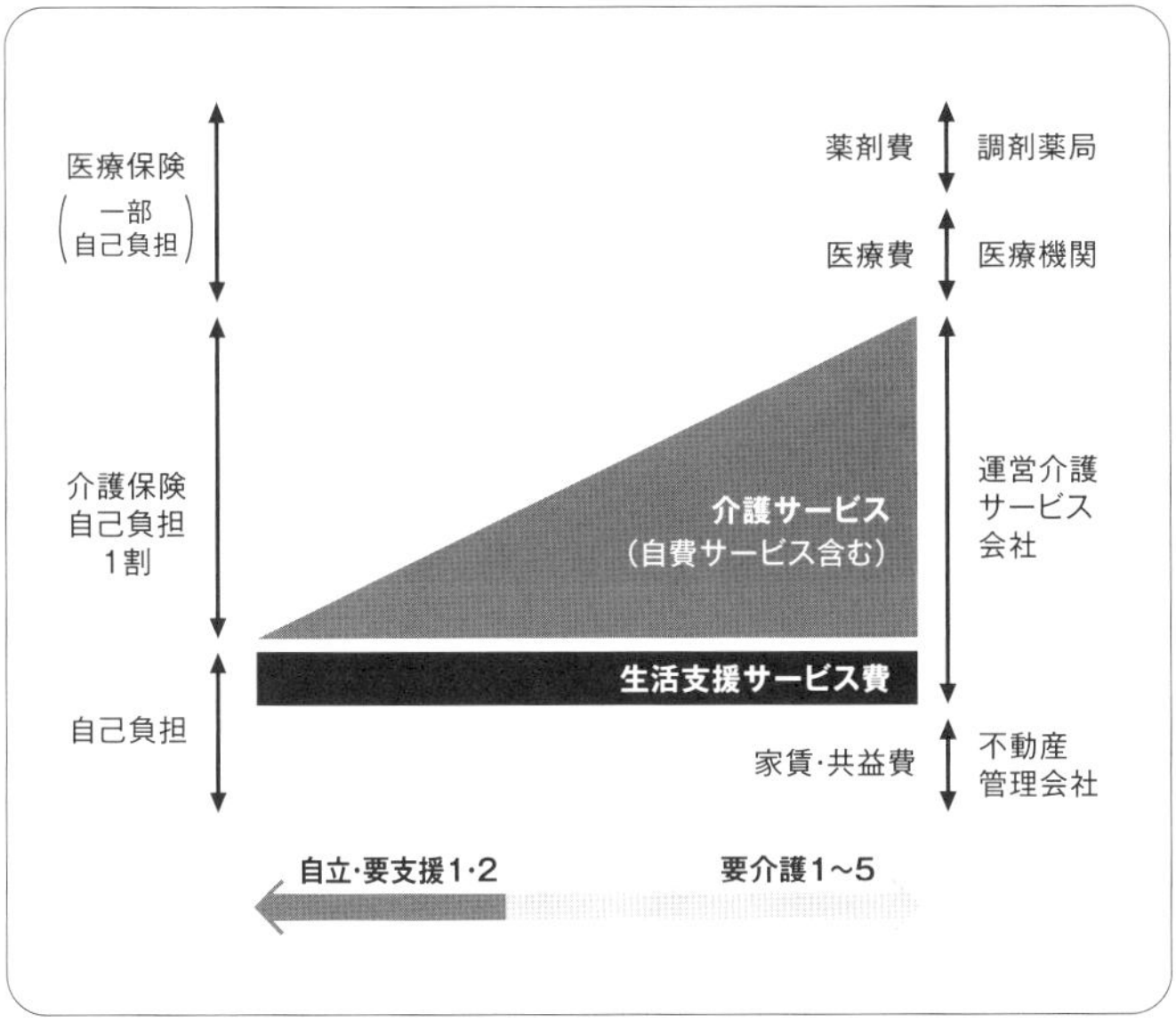

もちろん、介護が必要な方であれば、介護報酬も収益となります。

介護報酬に関しては、介護度によって給付限度額が変わりますが、104ページの表のように、利用が多ければ、給付金額の要支援1の方で4万9700円、最高の要介護5の方で、35万8000円の範囲内での収益が期待できます。

一方、サブリース方式の場合は、運営を委託した事業者のサービスの質次第で、サービス付き高齢者向け住宅の価値は左右されますので、空室リスクも大きくなります。同じように家賃収入のテナント方式で考えても、家賃以上の収益は見込めませんし、テナント業者が倒産することなどがあれば、その日から運営ができなくなる危険性もあります。

その点、自ら運営すると、自分でサービスの質にも目を光らせ工夫することができますし、入居者や地域のニーズに合わせて徐々にサービスを改善・追加するなどして、サービス付き高齢者向け住宅を成長させていくこともできます。

また、注目したいのは事業の拡張性と将来性です。

前項でもお話ししたように、デイサービスのような付帯施設を運営すれば、そこからの収益も見込め、将来的にサービス付き高齢者向け住宅内だけでなく、周辺地域の訪問介護・看護も取り込んでいくことも可能です。

サービス付き高齢者向け住宅の経営を考えている方は、ぜひ、自分で運営するという選択肢も検討していただきたいと思います。

サービス

20 生活、介護、医療サービスメニューは多いほどよい

前項でお勧めしたとおり、サービス付き高齢者向け住宅の場合は、自分で管理や運営を行うことで、通常の不動産収入に加えて介護・看護などのサービスによる収益も上げることができます。

つまり、サービス付き高齢者向け住宅において、高収益を叶えるポイントはいかに「サービス」を充実させるかにあります。

私のお勧めは、〝単なる高齢者向けの住宅〟にとどまらず、介護・看護サービスやその他の付帯サービスを充実させることで、物件の付加価値を高めることです。

とはいえ、実際に介護サービスの運営について具体的な話をすると、自分にはできないと尻込みする方が多いようです。

しかしそのような方でも、お話を聞いてみると、手持ちの賃貸住宅を自分で管理く

サービス付き高齢者向け住宅の要件

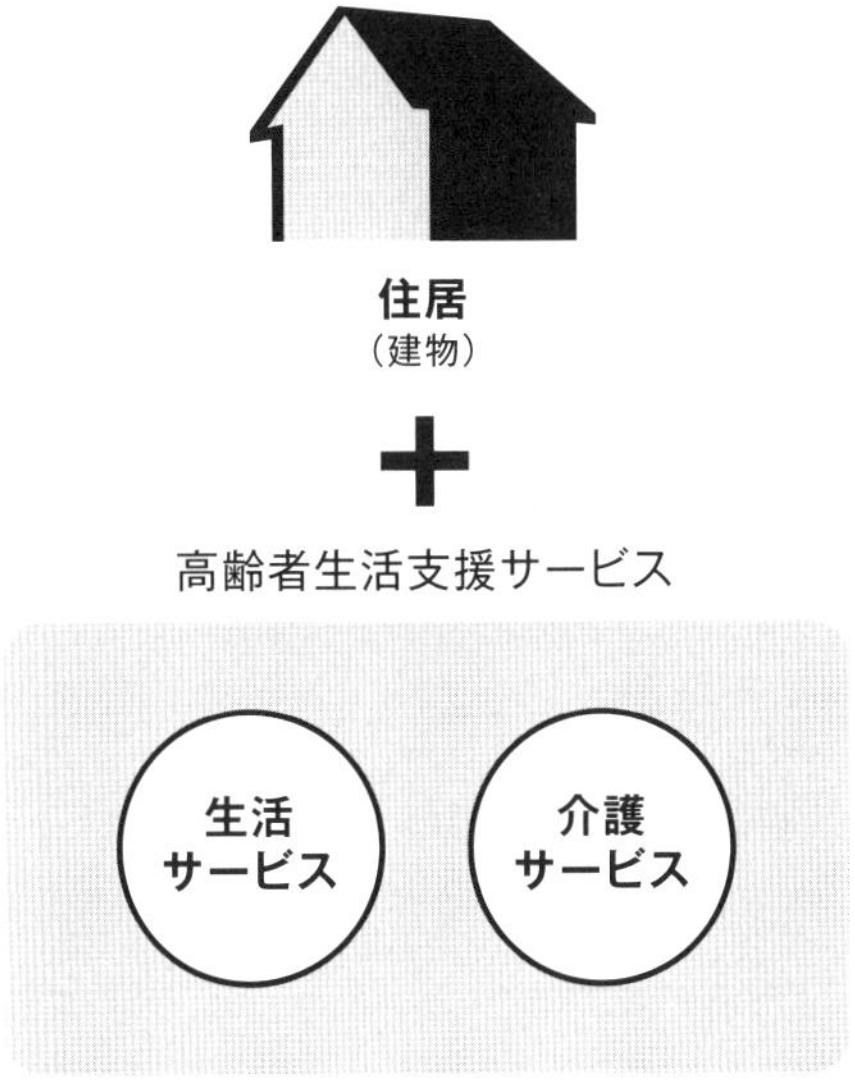

医療サービスを提供できる立場にある人（医者、歯医者）
であれば始めやすい

らいはしているものです。そこまでできれば、後一歩です。

十分な介護実績がある企業と提携したり、コンサルティングを受けるなどすれば安全に始めることができます。

では、サービス付き高齢者向け住宅には、基本的にどのようなサービスが必要なのでしょうか。次ページに私の運営するサービス付き高齢者向け住宅で提供しているサービスの例を掲載しましたので参考にしてください。さらに本格的に介護事業も運営するためには、訪問介護事業所やデイサービスなどを設置して開設することをお勧めします。

また、そのほかの生活に関する魅力あるサービスも揃えることで、収益性も高くなり、入居者にとっての魅力も増えていきます。

サービス概要および料金

サービス内容	料金	備考
状況把握及び 生活相談サービス ・緊急通報サービス	17,000/月	・管理料として受領 （1名に対して17,000円）
食事の提供サービス	57,000/月	・居室配膳、下膳200円 （住宅提供事業者が提供するサービス）
入浴、排泄、食事などの 介護サービス	0円	・介護保険にある訪問介護事業にて適用
調理、選択、清掃などの 家事サービス	0円	・介護保険にある訪問介護事業にて適用 ・有料サービスとして、洗濯は1ネット650円
健康管理サービス	0円	・別途利用者に合わせ柔軟に対応 ・通院付添は可能だが、有料サービスにて500円／10分にて実施 ・管理料として提携医療機関への送迎を実施（1名に対して17,000円）
その他のサービス （該当する場合のみ）	0円	・毎週1回、買い物に大型スーパーへの送迎サービスを実施 ・毎週1回、屋上にて足湯のサービスの提供（夏・冬は気候状況により未実施） ・管理料として受領 （1名に対して17,000円）
その他のサービス （該当する場合のみ）	15,000円/月	・入居者の必要な荷物を預かるサービス
その他のサービス （該当する場合のみ）	10,000円/月	・日常における生活を支援する内容をサービス。具体的には、週2回の居室清掃、新聞玄関先お届け

サービス

21 介護事業参入への不安はフランチャイズ方式で払しょくする

自ら運営して収益性を高めることをお勧めしてきましたが、介護事業の参入に関して慎重に検討することは当然といえます。

また、介護保険や医療保険など、素人にはわかりにくい部分も多く、非常に難しく感じるかもしれません。そんな方にはフランチャイズ方式での開業をお勧めしています。

私も土地がありサービス付き高齢者向け住宅を建てたいが自信がない、というお声をよく聞きます。そのため平成24年度より、デイサービスと併行してサービス付き高齢者向け住宅のフランチャイズ事業を開始しました。

当社のフランチャイズシステムでは、まず活用したい土地の状況や、オーナーの要望に合わせて事業を検討し、ふさわしいプランをご提案します。

開業からアフターフォローまで充実のサポート体制

開業までのサポート

- オーナー様のご希望に応じた開業プランのご提案
- 立地調査、物件選定、施設準備
- 行政への申請業務
- 開業研修
- スタッフ採用･教育
- 近隣への営業活動

ほか、開業･運営に必要な全般を本部が丁寧にサポートします。

開業後のフォロー

- 日々の運営サポート
- 保険請求業務の代行
- 給与などの事務処理もサポート
- コンプライアンスの管理
- 事業に役立つ情報や業界の最新情報などの共有
- 直営店のノウハウ提供

など、オーナー様の運営を、責任をもってサポートします。

サービス付き高齢者向け住宅オープンまでの流れ 最短で**6**ヶ月

オープンまでの流れ

加盟契約 ― 設計 ― 行政への申請業務 ― 施設の施工 ― 求人募集 ― 管理者研修 ― 施設研修 ― 開所前･開所後研修 ― 内覧会 ― **オープン** ― 保険請求業務など代行

※建物の規模、土地などの条件によって異なります。

その時点で方向性が決まればご加盟いただきます。

専門の一級建築士が介護スタッフの意見も反映した設計をし、できる限り、建設費を抑えて、資産価値の高い建物を建設します。

建物の建設に着手する間に、介護事業の開業準備を始めます。どのサービスを自前で提供するかで、人員計画も異なりますので、地域性を考慮した上でオーナーと十分に相談し、提供するメニューを決定していきます。私たちには運営経験に加えて、訪問介護・看護事業でも長年の経験があり、介護や医療業界とのネットワークが豊富です。自前でスタッフを揃える場合は適した人材を募集・採用のフォローもします。また、そうでない場合は、提携先をコーディネートし、開業に備えます。スタッフを雇用する場合は、開業前に必要な人材教育を実施し、開業までに十分対応できるスタッフに育て上げます。

入居者の募集に関しても、医療・介護業界のネットワークを活用して、地域のケアマネジャーなどから、入居者を紹介してもらうなどの支援をします。

開業資金・加盟金など

項目	通所介護事業	サ高住
加盟金	1,500,000円	3,000,000円
開業時研修費	500,000円	500,000円
計	2,000,000円	3,500,000円
契約期間（更新）	3年（2年）	5年（3年）

※加盟申込金… 通所介護50万円、サ高住など100万円
（加盟申込金は契約時に加盟金に充当します。）
※保証金……… 通所介護50万円、サ高住100万円
※サービス付き高齢者向け住宅の居室数により異なります。
30部屋まで300万円／40室まで400万円／41室以上500万円

項目	通所介護事業	サ高住
ロイヤリティ1年目	100,000円	※200,000円
2年目以降	150,000円	※200,000円

※通所介護のみ、開設1年目の負担を軽減
※サービス付き高齢者向け住宅の居室数により異なります。
30部屋まで20万円／40室まで25万円／41室以上30万円

※保証金以外消費税別

サービス

22 人材不足のリスクや人材教育の手間はアウトソーシングで回避する

介護事業を運営する場合、気になるのが人材の確保です。

介護業界は急激に市場が大きくなったために、慢性的に人手不足だといわれています。また、売り手市場でもあるため、職場に何らかの不満があったり、人間関係がうまくいかなかったりすると、すぐに転職してしまいがちな傾向もあります。

そこで、大切なのは事業所のマネジメントをする施設長の存在です。腕のいい施設長がいれば、介護士や看護師たちが働きやすいようにシフトを考え、オーナーであるあなたに改善のアドバイスをしてくれます。

そうでない場合、スタッフが次々と辞めていく事態にもなりかねません。私も介護事業に参入した当初は、スタッフの離職に悩まされました。

大変残念なことですが、一般に介護の現場仕事は、「きつい（肉体労働）」、「汚い（排せつ介助）」、「危険（病気感染のリスク）」の「３Ｋ」であるといわれています。これに加えて、「給料が安い」の４番目のＫをいわれることもあります。

肉体労働や排せつ介助、病気感染のリスクは、介護の現場仕事にはつきものですが、身体に負担のかからない介護方法や機械の導入、介護ロボットの開発、その他にも介助しやすい設備や建物内の衛生化と消毒設備など、その負担を軽減する施策はどんどん進化しています。

しかし、私はスタッフが辞める本当の理由は、３Ｋや４Ｋが原因ではないと考えています。なぜなら、スタッフの多くはそれらの条件を承知した上で、介護業界に入ってきていることが多いからです。

多くの業界と同じように、離職理由の第一は人間関係です。対人サービス業である介護業では、人間関係によるストレスがたまりやすく、それを解消できない場合、燃え尽きて辞めてしまうことが多いのです。

私は、根本的にストレスに対処するためには、その人自身が人間的に成長する必要があると考えています。仕事とプライベートとの切り分けや仕事への使命感や職業倫理を自覚することで、やりがいを感じ人間関係について深く悩まなくなるのです。

このような、スタッフの成長を手助けするためにも、管理者である施設長の手腕が重要になってきます。そこで、人材紹介や教育コンサルタントなどのアウトソーシングを利用するということが1つの方法として考えられます。優秀な施設長となる人材を紹介してもらう、教育コンサルタントを導入するなどして早期に施設長を育てるのです。初期費用としてはかかりますが、費用対効果を考えた場合、有用な投資手段といえるはずです。

私の会社にも、現場経験の長いスタッフや、長年のネットワークを活用して紹介していただいた優秀な人材が揃っていますので、教育コンサルティングや人材派遣事業も行うよう体制を整えました。もし、サービス付き高齢者向け住宅の開業直後に、急病や退職など急な人材流出によって問題が生じた場合にも、人材派遣を利用すれば、リスクヘッジをすることができるでしょう。

高齢入居者の管理は
どうすればいい？

高齢者リスクを
低減する管理業務

管理

23 年金や生活保護制度で、家賃滞納リスクは低減できる

人にもよりますが、一般に大家さんは高齢者の入居希望があったとき、あまりいい顔をしないといわれています。その理由は、主に次のようなものだと考えられます。

・高齢者は働いていないので収入が少なく、家賃の支払いに不安がある。
・高齢者は健康上の不安があり、万一、孤独死でもされたら物件の価値が下がる。
・高齢者は物忘れが激しくなり、火の不始末や水漏れなどがあると物件に傷がつく。

しかし、これらの不安は「サービス付き高齢者向け住宅」であればすべて解消できます。

まず、家賃支払いについてですが、実はこれは高齢者だけの問題ではありません。

今は若い人でも失業のリスクはあり、家賃滞納が起こる確率は年齢には関係ありません。

若者の場合は、親が保証人になっているので、回収が容易だとの意見もありますが、高齢者でもきちんとした保証人がついていれば同じことです。あまり年を重ねていると、保証人のなり手がいない高齢者もいるのですが、現在は保証会社というものが、保証人の代行をしてくれるので問題はありません。

むしろ私は、家賃支払いに関しては高齢者の方が安心ではないかと思っているくらいです。その理由は年金にあります。

ほとんどの高齢者は終身年金を受け取っています。金額には大小がありますが、つましく生活するのであれば、家賃の支払いには困らないくらいはあります。

仮に年金がなかったとしても、高齢者に対しては行政の保護も手厚いため、家賃補助や生活保護も受けられる可能性があります。

次に、孤独死の問題があります。

孤独死の問題は、ＮＨＫなどで特集されたこともあり、オーナーが高齢者について

賃貸物件に対するアンケート調査

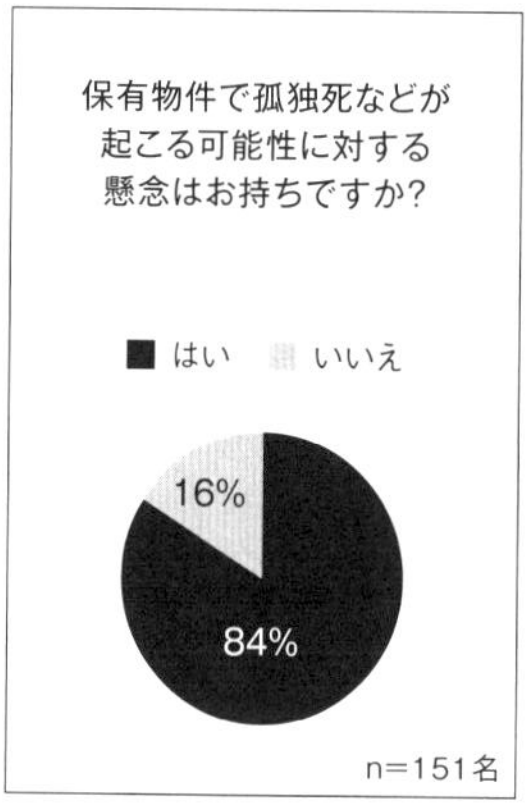

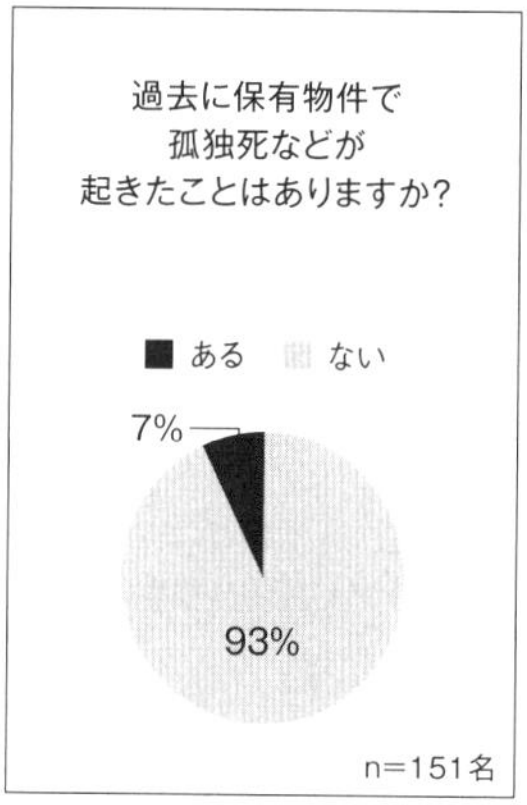

※「賃貸物件における孤独死、自殺、事件・事故死に関するアンケート調査」
（株式会社ファーストロジック）より

最も恐れているものと思われます。

株式会社ファーストロジックの2012年のアンケート調査（有効回答数151）によると、過去に保有物件で孤独死などを体験した大家さんは全体の7％でしたが、孤独死が起こる可能性に対する懸念を持つ大家さんは全体の84％もいることがわかりました。

ファーストロジックによると、実際に孤独死が発生したときにかかる費用は、お祓い費用や清掃費用、賃料の下落分や空室リスクなど、100万円以上になるそうです。さらに、アンケート結果によると、全体の32％の大家さんが、高齢者の入居を断っていると回答していました。

確かに、大家さんにとって孤独死は怖いものですが、安否確認サービスが義務付けられているサービス付き高齢者向け住宅であれば孤独死を避けることができます。入居者の体調が悪くなったときは緊急通報装置を利用されることで、すぐにスタッフが訪問し、重篤な場合は救急車を呼ぶなどの、早期の対応が可能です。

また、看護サービスが充実しているサービス付き高齢者向け住宅においては、きちんとしたかたちで入居者をお看取りすることもあります。

いずれにせよ、サービス付き高齢者向け住宅であれば、大家さんの心配するような事態は起こりようがありません。

3番目の、火災や水漏れの恐れについても同じことがいえます。緊急通報装置がしっかりと機能していれば、仮にトラブルがあったとしても、大きな事故になる前に対処することができます。

また、サービス付き高齢者向け住宅は高齢者向けの設備を整えることが義務付けられているので、火を使わないＩＨコンロ、室内の変化を知らせる警報装置、初期消火に役立つスプリンクラーなどが整備されているため安心です。

管理

24 事故や孤独死のリスクは緊急通報装置で低減する

サービス付き高齢者向け住宅は、入居者が高齢であるため、緊急事態にどのように対処するかが問題になります。

部屋の中で倒れて、誰にも気付かれないまま、そのままお亡くなりになるなどといった、いわゆる孤独死があってはならないのはもちろんですが、かといって入居者様のプライバシーもありますから、1時間おきに勝手に部屋をのぞいて回るわけにもいきません。

入居者の緊急事態には、安否確認の担当者が救急車を呼ぶのが鉄則ですが、そのような事態にいかに早く気付けるかがポイントになります。

通常、日中は定期的にお声をかけることで安否を確認します。さらに室内における異常はナースコールによる緊急通報で対応することが一般的です。

しかし、緊急通報ができない場合なども起こり得ることも考え、私の施設では、入居者やそのご家族の同意をいただいた上で、室内にも見守りカメラを設置させていただき、常時安否確認できる状態を保つようにしています。

見守りカメラがあることで、日中に倒れたとしても、室内の異常に気が付いたスタッフがすぐに駆けつけることができるため心配は無用です。

また、ナースコールのような緊急通報だけのものではなく、日常でも利用してもらえるような便利なシステムがあれば、より入居者の生活の質が向上するのではないかと考え、システムも開発しました。

私は以前より、介護や医療の現場でもＩＴ化というものは非常に重要なキーになるだろうと考えておりました。そこで少しずつＩＴに対する投資も続けてきましたが、特に大きなきっかけは、次の経験にあります。

あるとき岡崎市内の介護複合施設の運営をすることになった私たちは、まず一般的なナースコールを導入することにしたのですが、カスタマイズや更新などのメンテナンス代が非常に高く驚きました。さほど使い勝手がよいわけでもないものにそれだけ

スマートホームケア活用概念図

施設へ親を預ける「子世帯」の安心感がリアルに見えるシステムです。

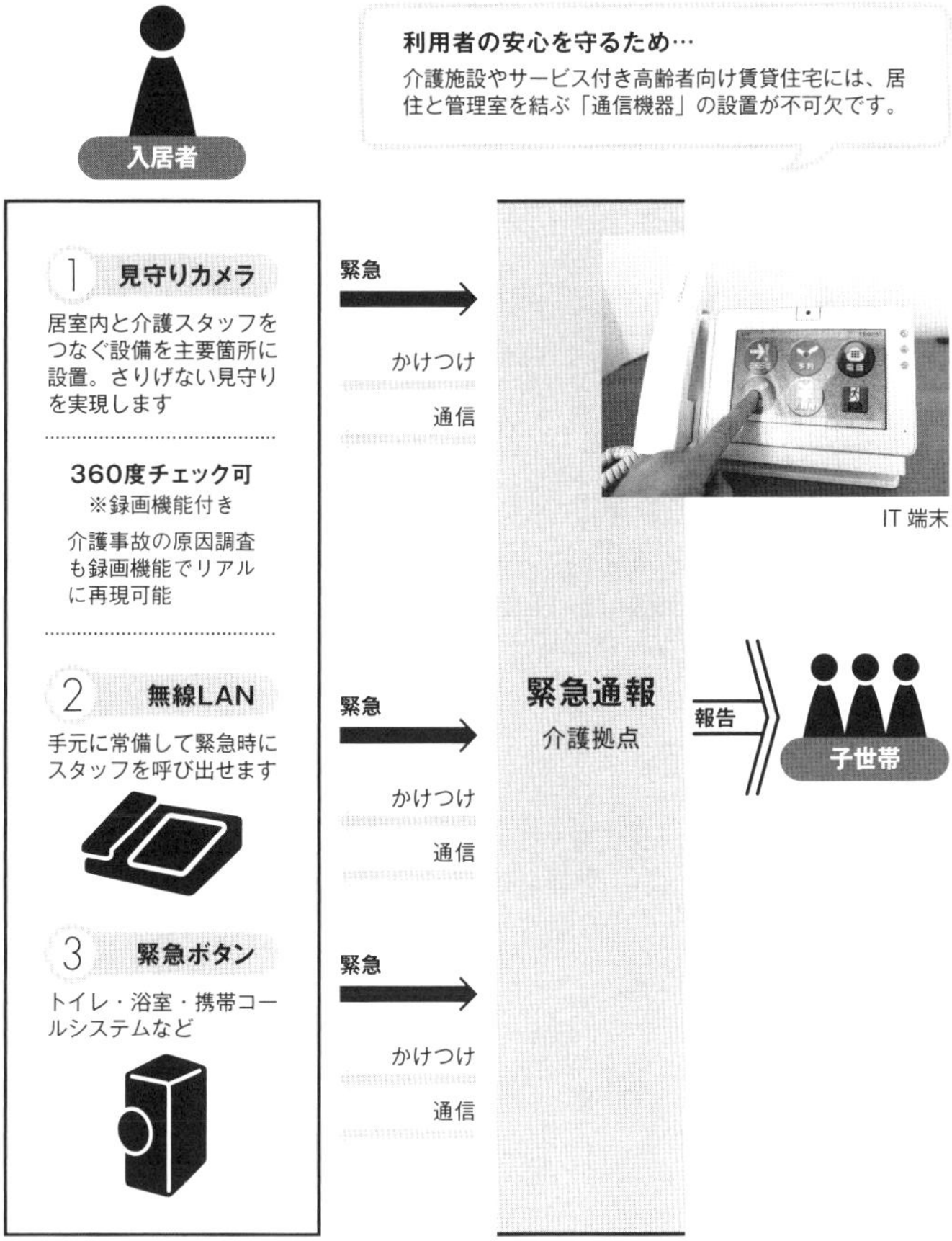
入居者
利用者の安心を守るため…
介護施設やサービス付き高齢者向け賃貸住宅には、居住と管理室を結ぶ「通信機器」の設置が不可欠です。
1 見守りカメラ
居室内と介護スタッフをつなぐ設備を主要箇所に設置。さりげない見守りを実現します
360度チェック可
※録画機能付き
介護事故の原因調査も録画機能でリアルに再現可能
2 無線LAN
手元に常備して緊急時にスタッフを呼び出せます
3 緊急ボタン
トイレ・浴室・携帯コールシステムなど
緊急
かけつけ
通信
緊急
かけつけ
通信
緊急
かけつけ
通信
IT 端末
緊急通報
介護拠点
報告
子世帯

の投資をするくらいであれば、自分たちでよいと思うものをつくってしまった方がいいのではないかと考えたのです。

そうしてできたものを、私たちの保有する1棟目のサービス付き高齢者向け住宅「ハートケアメゾン　みなみの風　八帖」に導入しました。そのシステムとは以下のとおりです。

サービス付き高齢者向け住宅には安否確認サービスが必須ですので、それをまず「緊急通報装置」で対応しています。これはナースコールのようなもので、何かあったときにはいつでも担当者を呼び出せるようになっています。

この緊急通報装置には携帯用にペンダント型のコールボタンがあり、基本的にはこれを身に付けていただいています。また、事故の起こりやすいベッドサイド、トイレ、お風呂には固定式のボタンが付いています。それ以外に「スマートホームケアシステム」を導入しており、緊急時以外は電話のようなタッチパネル式の画面で様々な操作をしていただきます。

あらかじめ設定した時間にメッセージを流し、体調、食欲などの問い合わせに答え

「施設」＋「在宅」Wで介護事業展開のメリット

1 地域の高齢者支援&介護の拠点として機能し、社会貢献

2 人の動きを安全重視で効率化。収益アップで「安定経営」につながります

3 データ管理で「利用者」「管理側（事業者）」の安心確保

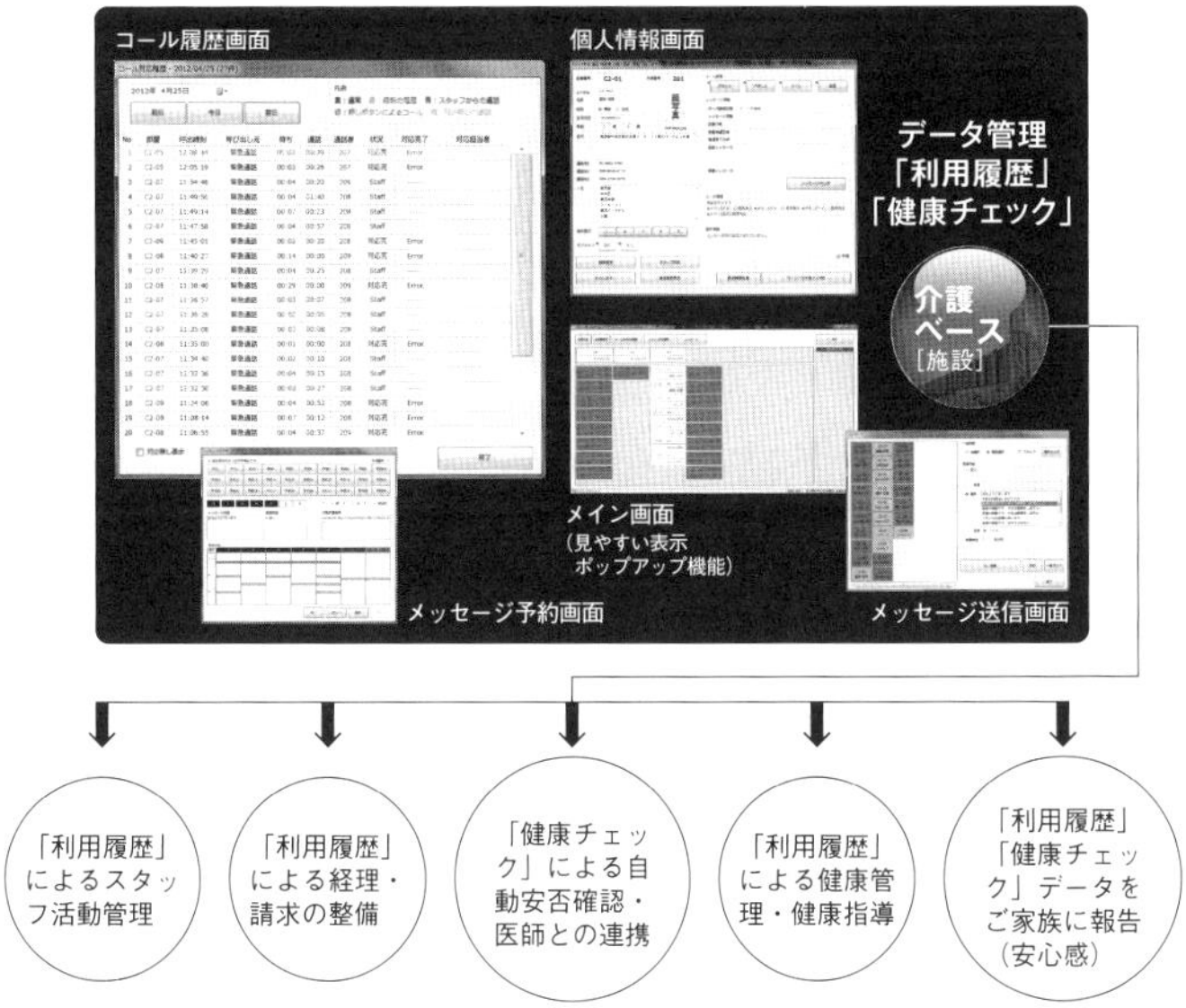

ていただくことにより、居室に伺わなくても安否の確認をさりげなく行えるように配慮をしています。

さりげない見守りといえども、ＡＤＬ（日常生活動作）の低下で歩行困難な方が、トイレに行くために自分でベッドを降りようとして、転落・転倒の危険が生じたときには、事前に察知し、その場に駆けつけるなどして転落・転倒事故を未然に防ぐようにもしています。実際にそのような場面は何度もありました。

このスマートホームケアシステムは、レコーダーとしての役割も果たしていますから、たとえば、介護事故現場や不審者の侵入などの場面も、録画された記録を見返すことで問題解決に役立てることができるのです。

また、このシステムでは、予約ボタンで食事の予約の確認ができるため、食材料のロスを減らしたり、個人ごとの食事の請求書を打ち出したりが自動で行われ、事務スタッフを減らすことにも役立っています。

最後に、このシステムの最大の特徴は、スマートフォンなどに使われている「Ａｎｄｒｏｉｄ」というＯＳを使ってシステムをつくり、インターネット回線上で動作さ

地域へのサービスシステム概念図

施設周辺のご家庭と契約。
端末機を設置して「介護拠点」とつなぎサービス提供します

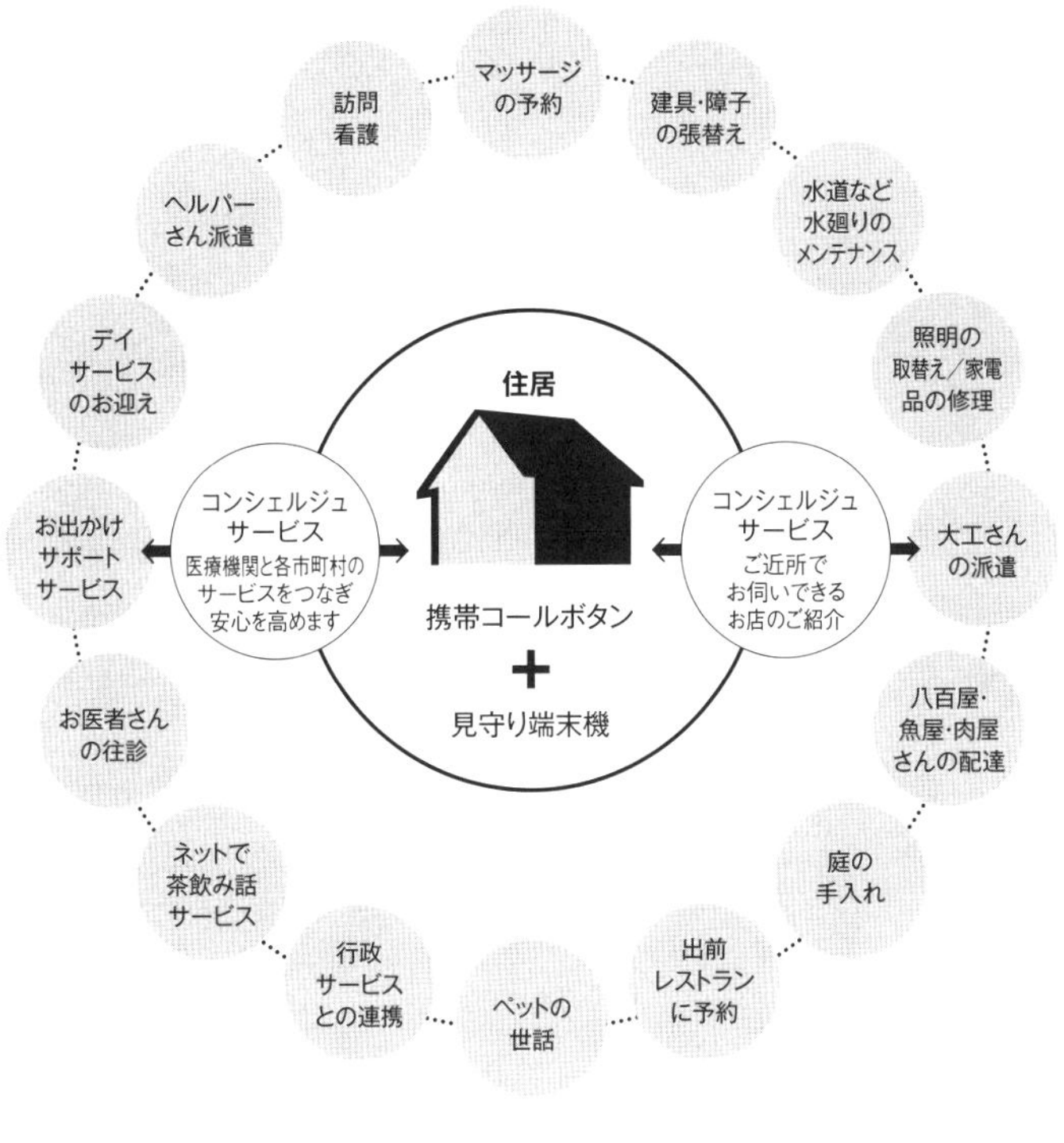

せることができる点です。この特徴を生かして、現在地元のケーブルテレビ事業者と共同で在宅介護の方を見守るシステムを構築中です。

平成24年の4月からは介護保険法制度改正により、定期巡回・随時対応型訪問介護看護のサービスが始まりました。このサービスにおいての24時間訪問介護・看護にもこのシステムが威力を発揮すると考えられます。

このシステムは端末にスマートフォンを使うよう改良中です。

皆さんの建設されるサービス付き高齢者向け住宅にこのシステムを導入いただくことによって、24時間365日稼働しているその住宅が、周辺地域の介護拠点となり得るのです。

これは、周辺にお住まいの在宅介護の利用者にもサービス提供することで、将来の入居者予備軍の見守りケアもさることながら、周辺地域の在宅介護サービス市場という未開地を開くことができるものです。

管理

25 空気洗浄システムで住宅内の感染リスクを防ぐ

サービス付き高齢者向け住宅や有料老人ホームなどにおいて、大きなリスクの1つとして考えられるのがインフルエンザウイルスやノロウイルスなどによる集団感染です。

こうした感染性の疾患は、スタッフや来訪者が外から菌を持ち込んだりするケースも多く、防ぐことがなかなか難しいものですが、抵抗力の弱い高齢者に感染してしまうと、それが一気に広がり、蔓延し、たくさんの入居者にも影響を与え、最悪の事態となることも考えられます。

毎年、全国のどこかの高齢者施設や病院でそのようなことが起こっては、マスコミで報じられ、運営者の評判が急落することがよくあります。

そうなると、入居者のご家族から糾弾されたり、入居者が退去されたり、ひいては訴訟に結びつくケースも出て来るかもしれません。そこまでの悪評が立つと、退去された後の空室が埋まるかどうかも不安になります。従って、そのような事態は何とかして避けなければなりません。しかし、通常行われている対策といえば職員や入居者の「手洗い・うがい」と室内の加湿程度でしかありません。これでは心もとないのも事実です。

私たちの会社は、母体が薬品会社ということもあり、その使命感から何かよい方策がないだろうかといろいろ模索する中で、住環境の除菌に適した液剤にたどり着くことができました。

この液剤は二酸化塩素を成分に持つもので、除菌作用を持ちつつも人体には害のないものです。

これ自体は新しいものではありませんが、以前はにおいの面で好まれず使用を控えられていました。それが、近年のマスキング技術の向上によりほぼ無臭となったため、私の運営する施設でも、4年前からこの液剤をスタッフ出入り口に取り付けたり、ワゴン式の噴霧器で館内を除菌したりするようにしました。

平成24年2月にオープンした新しいサービス付き高齢者向け住宅では、自動ドアが開くと、自動的にエントランスホールのノズルから液剤が噴霧する仕組みを導入しました。そうして入居者、来訪者、スタッフが、外部から衣服に付けて持ち込むウイルスや雑菌を入館時に除菌するようにしています。

この設備を導入したことによって、一般財団法人予防環境協会室内空間研究所から「人にやさしい感染予防対策を実施している介護施設」として評価認定を受けることができました。

総括

地域の医療・介護行政との人脈づくりが成否を分ける

ここまでサービス付き高齢者向け住宅を成功に導く秘訣をご紹介してきましたが、最後に将来性について触れておきましょう。

現在、介護サービスを充実させたサービス付き高齢者向け住宅には、介護保険制度の追い風もあります。それは、介護サービスについて国が推進している地域包括ケアシステムと、その目玉である「定期巡回・随時対応サービス」です。

順番に説明しましょう。

地域包括ケアシステムとは、住民同士が緊密に連携して協力できる範囲を、中学校区くらいの大きさの地域ととらえ、その地域における保健や医療や介護や福祉のサービスについて、それぞれの関係者が連携して一体化したサービスを提供することを目的とした社会システムです。

地域包括ケアシステムの考えが出てくる前は、日本という国の行政が縦割りになっていることの弊害として、医療は医療、保健（健康の保持）は保健、福祉は福祉と、それぞれの担当者が独立して、まったく別々に動いていました。

地域包括ケアシステムの考えは、それほど新しいものではありません。原点とされているのは、現在は広島県尾道市にある公立みつぎ総合病院が、昭和50年代に始めた「出前医療（在宅ケア）」です。これをきっかけとして病院に健康管理センターができ、町の保健と福祉に関する行政が、病院で一元的に管理運営されるようになりました。その後、介護施設や福祉施設も病院に併設されるようになったそうです。

いってみれば、それまでは、風邪を引いたらA内科、目が見えにくくなったらB眼科、足腰が弱ってきたらC外科と、それぞれ別々に通っていたものを、身体の病気はつながりがあるものだから、お互いの連絡が取れる総合病院で一元管理しようと変えるようなものです。

これは介護の世界においても画期的な考え方でした。なぜなら、介護保険制度が始まった当初、国は、1つの介護事業者が利用者を抱え込むことをあまり好まず、利用者に対して、通所介護はAケアホーム、訪問介護はBケアセンター、家のバリアフリー化はC工務店と、使い分けることを望んでいたふしがあるからです。

「定期巡回・随時サービス」とは、正式名称を「定期巡回・随時対応型訪問介護看護」といい、訪問型サービスの一種です。

訪問型サービスには、訪問介護と訪問看護がありますが、その双方を提供するサービスです。ちなみに訪問介護とは在宅介護のことで、訪問看護とは在宅医療のことだと考えていただいてかまいません。

介護と看護も、実際には重なる領域が多いのですが、医療行為には看護師などの資格が必要とのことで、これまでは区別されていたものです。

しかし「地域包括ケアシステム」への見直しによって、今後は、まず介護が必要にならないように日常生活からの健康づくり、そして食事の配達や買い物などの生活支援サービス、必要なときにはすぐに対応できる医療サービス、また、その後に寝たきりにならないためのリハビリテーションなど、予防や医療や介護などのサービスが一体的に行えるようになりました。

その主体となるのが「定期巡回・随時サービス」の事業者です。各中学校区におおむね1社だけ認定される事業者が、地域の高齢者に対して24時間365日の見守りと訪問介護・看護を行うことによって、地域住民の生活の質がより高まるわけです。

この「定期巡回・随時サービス」に認定されるのは各地域でおおむね1社だけですから、その事業者が地域の高齢者の介護保険を包括請求するようになるようです。つまり、地域の高齢者の契約数に応じて介護保険から安定した収入が得られるわけです。同じ包括報酬でも、国にしてみれば、施設より在宅のほうが支払金額を抑えられるわけですから、方針に反することもありません。

そして、サービス付き高齢者向け住宅に「定期巡回・随時サービス」の事業所を併設することで、その住宅の入居者と地域住民という多くのお客様に訪問介護看護を利用していただくことが可能になるわけです。

本文でご紹介した当社のスマートホームケアは施設と在宅を一元的に管理できますので、この面でも活躍します。

通常のサービス付き高齢者向け住宅経営では満室になればその収益はそこが上限ですが、中学校区の在宅にまでその範囲を広げることができるのです。

もしあなたが、少しでも興味を覚えたのであれば、ぜひ一度ご自分で介護事業を開業し、最終的に地域ケアの拠点として発展させることもご検討ください。

おわりに

現在の日本は円高による輸出不振に加え、石油などの値上がりによる輸入超過、また少子高齢化、不況などによって苦しんでいます。

先日、あるセミナーで聞いた話ですが、日本には戦後、人口抑制を推進していた時期があったそうです。人口が増えすぎて、食糧危機になるのを防ぐためです。それから出生率が下がり始めたそうですから、ある意味では期待どおりになったわけですが、今度は減りすぎが問題になっています。難しいものですね。

いずれにせよ、親になる女性の数そのものが減っているのですから、今後も人口減少は避けられません。

私たちビジネスに携わっている者にとって「売り上げ」は非常に重要ですが、「売り上げ＝数量×単価」で考えると、人口が減るということは「数量」が減ることでもあり、「売り上げ」の減少は避けられません。

また、インドネシアやインドなど若年人口の多い国を「人口ボーナス」のある国といいます。これは、若い人は車を買ったり、家を買ったり、子どもに教育費をかけたり、たくさんお金を使うので、実際の人口以上にお金が使われて、発展するという意味だそうです。

日本の場合は、購買意欲の劣る高齢者の方が増えますから、「売り上げ＝数量×単価」の「単価」の方も減っていくのではないかと考えています。

しかし、どんどん落ち込んでいく日本経済の中で、唯一といえるほどの成長市場は高齢者をターゲットとした医療・介護の分野です。

私たちのグループは、医療の分野に薬局というかたちで90年、医療ガス事業者として50年、在宅医療サービスで25年、また介護には介護保険法施行以来12年以上かかわって参りました。

その中で得た様々なノウハウが、今後の日本に、またこの本の読者の方々に、少しはお役に立てるのではないかと考えております。

たとえば、本書の中では触れることができませんでしたが、当社の母体は薬品会社で、事業者の皆さんにお役に立つような商品を数多く扱っています。

1つはサービス付き高齢者向け住宅にも当然に必要な医薬品・衛生材料、介護用品・おむつなどです。こうした備品のご要望には一括してお応えすることができます。

また、サービス付き高齢者向け住宅で特に大切だといわれる「食事」につきましても、弊社はグループ全体で3棟の施設を擁しており、これまでに様々な方法を試みて参りました。そうした中から、皆さんのつくられるサービス付き高齢者向け住宅に合った食事の提供方法もご提案することができます。

これまで見ていただきましたように、当社はサービス付き高齢者向け住宅の用地確保、設計、入札システム、工事監理、また人材の募集、教育、派遣、そして物品や、食事、保険に至るまで、サービス付き高齢者向け住宅の開設に必要なあらゆることをバックアップしています。

皆さんがサービス付き高齢者向け住宅を開設される場合、各々の状況や希望に合わせ、皆さんの運営上で不足しているピースを当社に手助けさせていただければ、幸いです。

サービス付き高齢者向け住宅の建設と運営は、日本の高齢者問題を解決する一助となるものです。住宅ばかりでなく、高齢者のＱＯＬや尊厳、生き方の問題にわずかでも力になりたいと思われる方は、ぜひ一度ご検討をお願い申し上げます。

もし、私たちとともに介護事業に取り組みたいと思われる方がいらっしゃいましたら、いつかお会いできることを楽しみにしております。

平成25年1月

株式会社メディケア・ステーション
代表取締役　南部　淳

参考文献

『サービス付き高齢者向け住宅　法令通知ハンドブック〈2012年度版〉』厚生行政出版会
『高齢者住宅開設・運営パーフェクトマニュアル』日経ヘルスケア編　日経BPマーケティング
『サービス付き高齢者向け住宅の手引き』サービス付き高齢者向け住宅研究会著　大成出版社
『サービス付き高齢者向け住宅　徹底攻略ガイド』日経ヘルスケア編　日経BP社
『サービス付き高齢者向け住宅開設・運営ガイド』田中元著　自由国民社
『高収益と社会貢献を実現する新しい事業モデル　サービス付き高齢者向け住宅経営』髙木礼治著　幻冬舎メディアコンサルティング
『高齢者向け賃貸住宅経営で成功する法』大谷光弘著　セルバ出版
『ゴールドエイジ　老後の住まいはどこですか？』久保川議道著　日経BP企画
『死ぬときに人はどうなる10の質問』大津秀一著　致知出版社
『子どもの世話にならずに死ぬ方法』俵萠子著　中央公論新社
『こんな介護で幸せですか？　知らなければ絶対に後悔する終《つい》の棲家《すみか》の選び方』中村寿美子著　小学館101新書
『「愛」なき国　介護の人材が逃げていく』NHKスペシャル取材班&佐々木とく子著　阪急コミュニケー

ションズ
『有料老人ホームがあぶない　崩壊する高齢者住宅事業』濱田孝一著　花伝社
『介護びっくり日記』高口光子著　講談社
『介護の現場がこじれる理由　フリーのケアマネが見た在宅介護の10年』本間清文著　雲母書房
『働きすぎる若者たち「自分探し」の果てに』阿部真大著　ＮＨＫ出版
『あなたが始めるデイサービス　誰でもわかる設立から運営まで』（医）実幸会　いらはら診療所・（株）日本生活介護共著　雲母書房
『地域包括ケアシステム』高橋紘士編　オーム社
『２１００年、人口３分の１の日本』鬼頭宏著　メディアファクトリー新書
『己を顧みて、日々新たなり』南部勉著　南部薬品

南部《なんぶ》　淳《あつし》

昭和36年愛知県生まれ。

岐阜薬科大学卒業後一部上場企業に入社。昭和62年、祖父が創業した南部薬品株式会社に入社。

昭和63年、専務取締役を経て平成10年に代表取締役就任。

介護業界の成長をにらみ平成11年、居宅介護支援専門員（ケアマネジャー）資格を取得。訪問介護事業・居宅支援・福祉用具賃与・訪問看護を開始する。

昭和61年には、株式会社メディケア・ステーションを設立、平成17年代表取締役就任。

平成24年にはデイサービスFC事業、サービス付き高齢者向け住宅FC事業を開始し、現在、老人福祉施設ハートケアヴィレッジなんぶの郷の受託運営の他、サービス付き高齢者向け住宅ハートケアメゾンみなみの風 八帖、庄司田の2棟を運営する。

平成26年4月には、2階に新本社を設置したサービス付き高齢者向け住宅、ハートケアメゾンみなみの風 竜美丘を開設予定。

趣味はマンドリン演奏。少年時代にはフィギュアスケート界で活躍、中部日本選手権優勝、世界ジュニア選手権日本代表という経歴を持つ。

■資格
薬剤師・宅地建物取引主任者・ケアマネジャー

サービス付き
高齢者向け住宅経営
成功の秘訣25

2013年2月4日　第1刷発行

著者　南部　淳
発行人　久保田貴幸

発行元　株式会社 幻冬舎メディアコンサルティング
〒151-0051　東京都渋谷区千駄ヶ谷4-9-7
電話03-5411-6440（編集）

発売元　株式会社 幻冬舎
〒151-0051　東京都渋谷区千駄ヶ谷4-9-7
電話03-5411-6222（営業）

印刷・製本　図書印刷株式会社

検印廃止

ISBN 978-4-344-99905-3　C2033
幻冬舎メディアコンサルティングHP　http://www.gentosha-mc.com/